日本を真の
観光立国にする、
とっておきの
方法を教えます。

私、B級観光地プロデューサーです！

大泉敏郎
Toshiro Oizumi

観光消費拡大コンサルタント
株式会社トラベルジップ代表取締役

ワニ・プラス

もくじ

第2章 どんな町にも宝物はある！

第3章 どんな町でも集客できる！

第4章 観光客の財布のヒモをゆるめる方法

第5章 戦略は新規客よりもリピーターを優先せよ!

終章　**観光は「素敵」な仕事**

序章

はじめまして！B級観光地プロデューサーです。

みなさん、はじめまして！　B級観光地プロデューサーの大泉敏郎です。といっても、

「『B級観光地プロデューサー』って、何？」

と思われる方がほとんどでしょう。耳慣れない肩書きで、

「コイツは怪しい人間なのでは……？」

そう感じる方も多いかもしれません。

なぜ、私が「B級観光地プロデューサー」と名乗るようになったのか。それを知っていただくためにも、簡単にこれまでの経歴をお話ししたいと思います。

大学卒業後、私は大手航空会社のグループ企業である旅行会社に就職しました。入社後の初仕事は大阪の町工場への飛び込みセールス＆添乗員。自分で考えたツアー企画を携え、「社員旅行、行きませんか？」ともちかけ、成約するとそのツアーに添乗するというものでした。

4年ほど経験を積んでからはイベント企画の部署、子どもの頃から楽しいことを考えるのが好きだったこともあり、ツアーのアイデアには事欠きません。OLだけの参加に限定した「全国OLサミットin沖縄」や、カップル参加型の「クリスマスinトマム（北海道）」などの企画が大当たりし、所属する課の目標を「一発のツアーで達成！」なんてこともありました。

次に配属となったのは、新しく創設された「ウェブ販売部」でした。時代は日本にインターネットが普及し始めた頃。今では当たり前のネットでの旅券の販売システムを一から作る仕事です。同業他社に先んじての取り組みに苦労も相当ありましたが、気づけば私は我が社の「初代ウェブマスター」に。初年度は年間数十万円レベルだった売り上げは、毎年著しい伸びを見せ、数年後には数億円単位にまで拡大しました。

添乗員として全国で仕事ができたこと、ウェブの知識を得たこと、この2つの機会を与えてくれた会社には心から感謝しています。独立後、前職時代にお付き合いのあった観光施設や地方自治体から「観光のことを知っており、なおかつウェブにも詳しい人間」として、ウェブサイトの構築や観光コンサルティングの依頼が舞い込むようになったのですから。

現在は、地方の自治体や観光協会からの「観光客が減っているので、なんとかしてほしい」という依頼に応えるべく、北海道から沖縄まで全国津々浦々、飛び回る日々を送っています。

我が子は一番かわいく見える

こうして足掛け30年近く、観光業界に身を置いて痛感するのは、多くの自治体が誤った集客方法を行い、広告や宣伝に無駄な予算を使っているということです。

「観光」を主体として地域を活性化するにはまず、地元の人たちの誤った考え方を正すこと。僭越ながら、それが自分のミッションであると私は考えています。

地元の人たちの考え方の何が間違っているのか。典型的な例を挙げましょう。

訪れる客が減り、寂しくなってしまった観光地の商店主や観光施設のオーナーはおしなべて、次のようなことを言います。

「ここで獲れる魚を食べたら、よそでは食べられないよ」

「うちの温泉は〝美肌の湯〟なんで、肌が信じられないほどスベスベになります」

「ここの水は名水百選に選ばれるほど、おいしいんです」

「この町には歴史があって、人もいいし、とにかく来てもらったらよさがわかります!」

ふるさと愛があふれるその言葉に、私は大きくうなずきます。

しかし、心の中では失礼ながら「我が子が一番かわいく見えるのと同じだなあ」と思っているんです。

各地を飛び回っている私からすれば、全国にはおいしい魚や効能も高くて風情もある温泉がたくさんあります。名水百選の1つということは、他においしい水が99もあるわけですからアピールするには弱い。歴史にしても、それぞれの土地にそれぞれのストーリーがあり、何もその町にだけ存在するものではありません。

残念ながら、地方で観光に携わる人たちの多くが「おらが村が1番」と言っていること、そのほとんどが「1番」ではないのです。よしんば1番の観光素材を持っていたとしても、それがまったく集客＝集金につながっていない。ですから、私はこう言います。

「おたくは1番ではなく、100番の中の1つですよ」

当然ながら、みなさんムッとした顔をされます。私はその時点で、憎まれ役確定。でも、いいのです。私はただ、地元の人たちに現実と向き合っていただきたい。地方創生への道は、そこからしか始まらないのです。

「A級観光地」は1%、残り99%は「B級観光地」

これは私の持論ですが、観光地はA級、B級、C級と3つのランクに分けられます。

A級とは、デスティネーション（旅行の目的地）を言うだけで、誰もが「行きたいな」と思うような場所。北海道や沖縄（の全地域ではありませんが……）、京都などです。実際、「京都、行かない？」と誘えば多くの人が「行きたい」と答えるでしょう。でも、たとえば「滋賀に行かない？」と誘っても、ほとんどの人が「？」という反応ではないでしょうか（滋賀の方々ごめんなさい！）。

北海道や沖縄、京都のように景色、歴史、温泉、食べ物など、どういったものがあるかをほとんどの人がイメージでき、その知名度で全国から人を呼べるA級観光地は、たった1％しかありません。残りの99％はB級以下。C級観光地の中には、はっきり言って観光で人を呼ぶ戦略自体をやめたほうがいいところもあります。

ところが、ほとんどのB級観光地は、自分たちはA級観光地だと思っています。そのため、膨大な予算を使って広告宣伝します。しかし、費用対効果は底抜けに悪く、何をやっても観光客が集まりません。

また、何をPRするかも大切なポイントです。

たとえば、瀬戸内海に面した市町村の観光パンフレットには「交通の要衝として栄えた」というフレーズを入れていることが多いですが、これにはまったく意味がありません。「交通の要衝として栄えた歴史」が事実であっても、それがどれほどのインパクトをもって観光客の心に響くでしょうか。

自分たちの地域のアピールポイントを勘違いして、誤った観光戦略を取っているところがいかに多いことか。

しかも、私がそのことを指摘すると「うちがB級だというのか。失礼な」と怒りだす人も少なくありません。そうしたプライド＝大いなる先入観を捨て、まずは自らを「B級観光地」だと認めることが必要なのですが……。

B級にはB級の戦略がある

そして、認めたところですべきことは「弱者の戦略」を取ることです。弱者は強者の戦い方をしてはいけません。「弱者」という言葉にまたムッとされることが多いのですが、B級観光地はA級観光地の前にあっては弱者です。

強者の戦略として代表的なのは、JR東海が毎年行っているキャンペーン「そうだ京都、行こう」。知名度の高いA級の素材を「マスで訴える」戦略です。

B級以下の観光地がこれを真似して「そうだ◯◯、行こう」とPRしたところで、誰の心にもヒットしません。なのに、強者の戦略を取ろうとする。その結果、高い広告宣伝費を無駄にしてしまうケースが少なくありません。

弱者は、弱者の戦略でいきましょう。それには、マスではなく「コア」をターゲットにするのです。

多くの人にとってはさほど魅力的ではなくても、限られた人にはとてつもなく魅力的な場所、景色、文化がどんな市町村にも必ずあります。B級がA級に対抗できるとしたら、そこしかありません。C級だって、きちんと特定の客層、コアをターゲットにし、その客層にとって魅力的な改善を重ねれば、逆転は可能です。

たとえば、「全国魅力度ランキング」では、毎年下位に甘んじている佐賀県。しかし、陶芸や器に興味のある人にとっては、何度でも訪れたい「聖地」です。

佐賀県は今から400年前、朝鮮半島から日本に渡ってきた陶工たちによって日本初の磁器、有田焼が焼かれた場所。江戸時代、ヨーロッパの王侯貴族をも魅了した名品が誕生した聖地です。

したがって、陶芸ファンや骨董ファンにとってはA級の価値がある場所です。だったら、陶芸や骨董ファンなど誘致が期待できる「見込み客」にアピールをすればいい。それにはどんな方法があるかを考えれば、おのずとすべきことがわかるはずです。

観光消費を高めるためには、まずマーケティングの基本中の基本「4P」を思い出してください。PRだけすればいいというものではありません。

「4P」とは

・Product（プロダクト：製品）

・Price（プライス：価格）

・Place（プレイス：流通）
・Promotion（プロモーション：販売促進）
ですね。

一番大切なのはプロダクト。陶芸ファンを喜ばせるストーリーがその土地にあるかどうか、です。観光客はもちろん陶磁器をメインに見に来るので有名な窯元や歴史を知ることのできる博物館も大切です。

地元の器で郷土料理が食べられる店があったり、大御所から新進作家まで多様性ある作品が楽しめたり、地元陶芸家と触れ合うことができれば、より一層楽しめるでしょう。

さらには、地元陶芸作家の指導を受けながら、ろくろや手びねりで自分の作品を作り、窯元の登り窯で焼成までしてもらえる。陶芸体験ができる観光地は昔から少なくありませんが、陶芸の里ならではのそんな本格的な体験ができれば、陶芸ファンの心をぐっとつかめるに違いありません。

ターゲットとする客層にとって魅力的なプロダクトが整って、初めてその客層が読む雑誌やコミュニティ、ウエブサイトへの掲載をするわけです。コアな層をターゲットにする場合には、ターゲットが最大公約数の旅行雑誌や発行部数の多い新聞などに掲載する必要はありません。

そういう人は目が肥えていますので一般の物見遊山目的の観光客よりは、いいものであればきちんと価値を理解し、それなりのお金を支払ってくれると思います。価値あるものは値引きなどせず、適正な対価で買っていただくのがいいのです。

全国の陶芸ファンは、佐賀県内で行われている陶磁器イベントや、現地で見られる物、体験できることをどれだけ知っているでしょう。その人たちに向けて、きちんとターゲットを絞った情報発信をしているでしょうか?

ほとんどの観光地は、あれもこれもと地元の食べ物や景色を盛んにPRしようとしますが、何より重要なのは「オンリーワンのポジション」が取れる観光素材を見つけること。そして、それを評価してくれるターゲットを見つけること。

これが、弱者が強者に勝つ唯一の戦略なのです。

人生を豊かなものにしてくれる、B級観光地への旅

A級観光地は常勝の強者ですから(シーズンによっては必ずしもそうとは言えませんが)、誰にも相談する必要がありません。したがって、私がコンサルティングを引き受けるのは、当然ながらB級観光地。それで「B級観光地プロデューサー」を名乗るようになったとい

うわけです。

現在の仕事をしていてつくづく思うのは、Ｂ級観光地がいかに味わい深いかということです。Ｂ級とは、決して「二流」という意味ではありません。料理の世界でもＢ級グルメが多くの人たちの心をつかんでいるように、特定のターゲットに対しては非常に魅力のある場所なのです。

誰かにとって価値ある特定のテーマを見つけ出し、その誰かに確実に情報を届ける、繰り返し訪れてもらえるような仕組みを作るということをやっていくうちに、思わぬ発見があったり、自分たちでも気づかなかった新たな魅力を知ることができたりします。

その結果、地元に対して、思い込みではない、心からの愛着を持てるようになるでしょう。それはそのまま観光の質に反映され、訪れた人たちの旅の内容もおのずと豊かになります。当然、満足度は上がり、「また訪れたい」という気持ちが喚起されるはずです。

完成されたＡ級観光地もいいですが、これからどんどんおもしろくなるポテンシャルを秘めているＢ級観光地もいいではありませんか。

日本全国、掘り起こせばまだまだたくさんの宝物が隠れています。「何もない」と思っているあなたの村や町にも必ず「オンリーワン」があります。

それを最大限に活かしましょう。

集客するだけではなく、集金につなげましょう。

そのための方法、つまり地方創生の正しいやり方をお伝えしたい。その一心で今回、ペンを執りました。

何をしたらいいのか、どこから手をつければいいのか、これまでの経験に基づいた方法論を可能なかぎり具体的にご紹介しようと思います。

本書が集客に悩む観光地の方たちの一助となることを心から願っています。

第1章

B級観光地プロデューサーは憎まれてナンボ！

トイレを使うだけの観光客はいりません！

「とにかく人を呼びたいんです」

「どうすれば、観光客が増えるでしょうか？」

B級観光地プロデューサーである私に持ち込まれる相談の99%がこの2つに集約されます。

私はそこで言います。

「観光客を増やすだけでいいんですか？　トイレを使うだけで、一銭も落としてくれない観光客じゃ来てもらっても仕方ないんじゃないですか？」

そう、「集客・集金できる観光地づくり」。

これが、B級観光地プロデューサーである私の、最大のミッションです。

日本人は、どうもお金に対して汚いイメージを持っている人が多いようで、集金と聞くと「お金のことは、まあ」「まずは、みなさんに来てもらって」と言う人が少なくありません。

しかし、そもそも地方創生とは、人口の減少や雇用減少に苦しんでいる地方の活性化を目指すこと。その一環としての観光戦略なのですから、ただ、お客さんに来てもらうだけでは困ります。地元の名物料理を食べてもらい、特産品をお土産として買って帰ってもらい、できればゆっくり泊まってもらう。お客さんにはそうやってお金を落としてもらわないと、いつまでたっても経済は潤わず、雇用も増えません。

あまりに観光客が減ってしまっているため「来てくれるだけでいい」と思ってしまう、その気持ちもわからなくはありません。しかし、それだけで本当にいいのでしょうか。

施設や駐車場のトイレだって、維持するのにはお金がかかります。観光客にトイレを使っただけで帰られてしまったら赤字になる一方です。

お客さんだって、あちこち時間をかけてめぐっていれば、喉もかわけばお腹もすきます。ゆっくりして、旅の疲れを癒やしたいと思うでしょう。そんな人たちを満足させることができれば、こちらが「なんとかして儲けてやろう」などと考えなくても自然と、それこそ喜んでお財布を開いてくれるでしょう。

そう、目指すのは「お客さんが喜んでお財布を開いてくれる」観光地。そのためにはまず「おらが村が一番」的な考えを捨て、地元を客観的に見つめ直さなければいけません。それをせずにA級観光地の真似をしても、観光客は離れていくばかりです。

とはいえ、自分たちが暮らしている場所を客観視するというのはなかなか容易なことではありません。海外で暮らす日本人がよく「日本を離れてみて初めて、日本のよさがわかった」と言うように、自分が今いる場所のことを一番見えていないのは、今そこにいる自分かもしれません。

そこで、私の出番です。観光客を増やしたいと願いながらも「おらが村が一番」なことを言っている担当者に、私は客観的な事実を提示します。

「いろいろやっていらっしゃいますが、集客と集金にはまったくつながっていませんね」という具合に。

相手の痛いところを突いていくわけですから、当然、憎まれます。でも、いいんです。私の使命は地元の方たちの誤った考え方を正し、集客・集金を増やすことであって、みなさんに好きになってもらうことではないのですから。

「憎まれてナンボ！」「憎まれ役上等！」です。

そこで、この章では、私がどんなことで憎まれるのか、つまり観光誘客に悩む町では何が間違っているのか、それをどう修正していけばいいのか、ある地方に例をとってお話ししていくことにしましょう。

黒船来襲。そのとき、地元の人たちは……

今から6年前。山形県の庄内観光コンベンション協会から講演の依頼が寄せられました。我が社の事業もだいぶ軌道に乗り、観光戦略立案の成功例が増えてきた頃で、その噂を耳にされたのでしょう。「観光需要喚起の仕方について話をしてほしい」ということでした。

そこで早速、庄内観光コンベンション協会のウェブサイトをチェックしてみると、トップページに桜の写真が出ていました。夏なのに、です。いくら山形県庄内地方は桜の時季が遅いといっても、4月の中旬か下旬あたりまででしょう。

季節外れの写真がトップページに出ているということは、つまり、ウェブサイトがまったくメンテナンスされていないことを意味します。

暑いときに満開の桜の写真を見て「庄内に行ってみたいな」と思う人がいるでしょうか。なかには「来年の春に行こう」と思う人もいるでしょうが、それまでの間に気が変わって、他の場所に行ってしまうかもしれません。

「なるほど、これでは観光客が減るのも無理はない……」

私はペリーよろしく黒船に乗って（いや、実際には飛行機ですが）庄内に向かいました。

講演会場には、地域や民間の観光業に従事されている方々が20人ほど集まっていました。私を講師として呼ぶことを決めた方々以外は、私が何者なのかまったく知りません。公の肩書は「観光消費拡大コンサルタント」ですが、みなさん一様に「東京から来たヤツに何がわかるのか」といった訝しげな表情をしていました。

しかし、それは想定内。むしろ腕が鳴るというものです。

まずは、「A級観光地の真似をしてはいけない」という話から始めましたが、出席者たちの顔が次第にこわばっていくのがわかりました。

「〝庄内の桜〟をアピールされていますが、ボリュームでは秋田・角館の桜には負けています」

「正直なところ、このレベルの桜なら東京にもある。飛行機に乗ってわざわざここまで来てお花見をしようという人は、いないと思います」

と言ったときには、「うちの桜をバカにするのか！」と言わんばかりに憮然とした顔をしていましたが、みなさんを現実に引き戻すのが私の役目。構わずに話を進めました。

地元の魅力が何も伝わってこない観光ウェブサイト

その後、質疑応答の時間となり、出席者からはまず「観光ウェブサイトのアクセス数が落ちているが、原因は何なのか」という質問が挙がりました。

ウェブサイトのアクセス数は、工夫をしなければ増えません。勉強せずに成績が上がる子がいないのと同じです。

私は、トップページの桜の写真を例にとって「観光ウェブサイトにとって最も重要な情報更新をしていない。その桜も昔のカメラで撮影した解像度の低いものなので、魅力的に表現できていない」と話しました。

ウェブサイトは一般的にグーグル（Google）やヤフー（Yahoo!）などの検索エンジンから流入する利用者が大半です。そこで、更新頻度を高くして新鮮な情報が掲載されていることを検索エンジン側にアピールすることや、検索エンジンのロボットがウェブサイト内を回遊する際に行き止まりページを作らないことなどが必要です。庄内のウェブサイトではその部分で、構造設計上の問題が多々あることをお話ししました。

さらには、分析以前に大きな問題がありました。ページをぱっと見たときに、庄内地方の「オンリーワン」が何なのか、まったく伝わってこなかったのです。

観光ウェブサイトというのは「何を、誰にアピールするか」が決まってから作るものです。「うちではこんなきれいな景色が見られます」「うちのお米はおいしいんです」「温泉もありますよ」と、あれもこれも情報を載せたところで、そのウェブサイトを見た人の心はつかめません。

当時のウェブサイトには、トップページにさまざまなバナーが貼られていて、文字フォントもまちまちで、デザインも統一されたトーン&マナーではなく、他社へリンクするのか、内部のコンテンツへ遷移するのかはバナーを押してみないとわからない状態でした。

しかし、よく見ると庄内平野に広がる青々とした田んぼや鳥海山、日本酒、日本海の海の幸など素材は散らばってはいましたが情報として存在していました。私はこういった素晴らしい素材を、ストーリーをもって紹介することの重要性をお話ししました。

田んぼに水が張られ、庄内平野一面が鏡のようになって、鳥海山を映す時季はいつ頃なのか、それはどの場所から見るのがベストなのか？

それらをスケッチをする人や写真を趣味にする人にPRすることがどれほど効果的なことか、鳥海山や月山のトレッキングは何月頃がスタートで、初心者向け、エキスパート向けにどんなバリエーションのコースがあって、それぞれどんな特徴があるのか？

日本酒が大好きな人が情報としてほしがる日本酒の新酒祭りはいつで、前売り券はどこで申し込めばよいのか？　会場ではお酒を飲んでしまうので、公共交通機関やタクシーの運賃情報などを掲載する必要があることなどをお話ししました。

アクセスされても、直感的に写真がきれいではなかったり、情報が探しにくい状態だと利用者はすぐにウェブサイトを閉じてしまいます。広告でアクセス数を増やす前にすべきことは山ほどあります。

そのことを指摘すると、「いや、来てもらえればわかる」という声が上がりました。いえいえ、「来てもらえない」から困っているわけで、「来てもらう」にはどうすればいいか、知恵を絞らなければいけません。

人は「ここでしか見られない」「ここでしか味わえない」というものに心を動かされ、わざわざ時間とお金をかけてその地を訪れるのです。

したがって、自分たちの宝物を他の土地の宝物といかに差別化するか、が重要。これはウェブサイトに限ったことではなく、観光戦略の基本の「き」です。

ところが、その作業を阻むのが「おらが村が一番」という思い込みです。庄内のみなさんもそうでした。それなのに、桜だけでなくあれもこれも「一番ではないですよ」と私に言われてプライドはズタズタに。「おまえなんかに、何がわかる！」と私につかみかかりたい気持ちを抑えるのは、さぞ大変だったことでしょう。

オフ期対策をするのはピーク期・ショルダー期の後でいい

次に、「オフ期に観光客を呼び込みたいが、どうすればいいか」という質問の手が挙がりました。

庄内は、4～9月のグリーンシーズンに人が訪れることが多い「上期型」の観光地です。その方は「冬にも来てほしい。庄内の冬を味わってほしい」と考えているようでした。

たしかに、冬でも雪で勝負できる土地はあります。

「オフ期にも観光客を呼び込みたい」というのは、集客に悩んでいる人たちが観光戦略のテーマとしてよく掲げるものですが、それは大きな間違いだと私は考えています。

私の持論は「集客（人数）よりも集金（観光消費）」です。ここでは便宜的に「ピーク期」「ショルダー期」「オフ期」と1年間を3つのシーズンに分けて解説します。

まず、ピーク期にはすでに来ている人たちが多数いるので、消費を高めるためにはランチや夕食を食べていただくこと。これはさほどハードルは高くありません。ただし、地元ならではの素材で、旬であったり、「ここでしか食べられない！」というメニューがなければ、食事も地元では消費されません。

その次は、夜のイベントや早朝に見られる風景などをＰＲして、泊まっていただく理由を作ること。

統計的に、宿泊客は平均して日帰り客の４〜５倍ほどに消費単価が上がります。同じ観光客でも宿泊客は日帰り客４人相当の経済効果があるのです。

泊まれば宿泊代はもちろんですが、夕食代、朝食代も連動して付いてきます。夕食は朝や昼と違い、お酒が入ることが多いので、ランチに比べると時間も長く、連動して消費単価も上がります。地酒がある地域なら、地元にも経済効果をもたらします。

そして次のステップは、一度来た人に別のシーズンにも来ていただいて、リピートしていただくこと。東北は上期と下期ではまったく異なる観光的魅力がありますし、紅葉も色は鮮やかで冬場はお魚もグンとおいしくなる時季です。

これはどこでも同じですが、きちんと紅葉情報を予測しながらリアルタイムに発信している、地魚のおいしい食べ方やそれが食べられる店をきちんと紹介している観光協会は、あまり多くはありませんので、基本的なことを当たり前に実施するだけで、間違いなく集客も集金も増えます。

ありがちなのが、地域の平等性を出すために、おいしくない店も含め、全店紹介してしまうこと。おいしくない店に行ったお客様は当然満足せず、リピートはしてくれませんし、もしかしたらSNSに「あまりおいしくなかった！」と書き込んでしまうかもしれません。県庁や市役所であれば公平性を保たなければいけませんが、観光協会は民間の組織ですので、おすすめを客観的な指標とともに紹介することが大切です。「おすすめ」と言ってしまうことで角が立つのなら、「観光客の口コミ評価」など定期的なアンケートに基づいて紹介するのもいいかもしれません。

最終ステップである「新規のお客様を獲得する」ということですが、これは「1：5の法則」として語られている通り、新規顧客の獲得はリピーターを増やすことの5倍のコストがかかります。しかも「オフ期に！」となりますと、成功する確率はかなり低くなるでしょう。

私は「オフ期」という言い方は抽象的であまり好きではありません。「雪の降る前のスキー場」「寒くて泳げない時季のビーチ」「紅葉が終わって雪が降る前の寂しい山々」などと表現すれば、ここで集客することがどんなに難しいかがおわかりいただけるかと思います。

極端なことを言えば、オフ期のことは二の次でいいと思っています。

庄内のオンシーズンは、4～9月。そのうちピーク期は、ゴールデンウィークとお盆、秋のシルバーウィークで、その時期の宿泊施設はどこも「いっぱいだ」と言います。本当にそうでしょうか？

たとえば、2017年のゴールデンウィーク。4月29日〜5月7日のうち5月3〜7日は連休となるので、たしかに宿泊施設の予約は埋まっているでしょう。しかし、5月1日と2日は平日なので、空室が出ることが少なくありません。また暦通りでいけば、1日と2日、8日は仕事の人が多いため、その前夜である4月30日と5月1日、2日、7日の夜も予約が入りにくい。

つまり、ゴールデンウィークのうち4日間は空き室のある宿泊施設が少なくないということです。特に東北地方のゴールデンウィークはかき入れどき、1日も無駄にできないのにもかかわらず、です。

試しに、「9日間、一律に宿泊料金を高く設定していませんか?」と聞いてみました。答えは「イエス」。「4月30日と5月1日と2日、7日は、どこも満室ですか?」と聞くと「いや、そこは……(もごもごもご)」。

ピーク期を埋めるためには、ピーク期の中でも差をつけたほうがいいというのが、私の考えです。予約が入りにくい4月30日と5月1日と2日、7日は、平日扱いにして宿泊料金を少し下げる。そうすれば、「お、じゃあ有給を取って行くか」と考える人が必ず出てくるはずです。

「値下げなんてと思うかもしれませんが、そうやって、ピーク期間中の空いている日の金額を下げることで予約をスライドさせて、人を呼び込める時期にがっちり集客するほうが、人が来ない季節にどうやって誘客するかを考えるよりずっと簡単で、お金もかかりませんよ」

そう言うと、「なるほど」と納得してくれる人も何人かいましたが、そこまでの2時間あまり、私にさんざんなことを言われて会場には重苦しい雰囲気が漂っていました。

「再びここに呼ばれることはないだろうな、それでも何人か目を覚ましてくれる人がいたら憎まれ役として本望だ」

そう思いながら庄内空港に向かい、空港に着いたちょうどそのとき、携帯電話にある方から電話が入りました。

「相談があります。戻ってきていただけますか」

飛行機のチケットは取ってしまっていたので一瞬、考えましたが、乗りかけた船。最終便に間に合う時間までならと、引き返すことにしました。

ウェブサイト制作の前に観光戦略・ウェブ戦略を作ろう

待っていたのは、庄内観光コンベンション協会のメンバー4名で全員、講演会を主催・

運営した方々でした。なかでもリーダー格のKさんは講演中、渋い顔をなさっていたので、もう一度声がかかるとは、しかもその日のうちにとは、思いも寄りませんでした。そう伝えると、

「会場では、なかなか質問ができなかったので……」という言葉がKさんから返ってきました。

私にズバズバと問題点を指摘され、質問する心の余裕もなかったのでしょう。

ところが、Kさんは講演後すぐに連絡をくださった。私が空港から引き返したのは、「この人は違うな」と感じたからです。問題点を指摘され、「そうか、自分たちのすべきことはこれだ」と思ったらすぐに行動を起こすという動きの早さが素晴らしく、「庄内の観光が変わるかもしれないな」と思ったことをよく覚えています。

Kさんからは、ウェブサイト再構築のための具体的なアドバイスを求められました。そこでまず私は、「ウェブサイト制作の前に庄内地域の観光戦略を作りましょう」と言いました。自分のことを自分が一番見えていないように、地元の人はいまひとつ地元のことがわからない。客観視することがないので、本当の魅力に気がつかなかったり、思い込みに引きずられがちなのです。

もちろん、「外部の人間にはわからないこと」もたくさんあります。しかし、外部の人

間のほうが消費者、つまり他の地方から訪れる人の目線に立つことができ、かゆいところに手が届く観光情報を発信できたりするのです。そうやって、これまで全国の地方自治体の観光戦略の策定や観光ウェブサイト運営に関わってきました。

しかし、ここに1枚目の大きな壁がありました。このときメンバーの1人が言った言葉は今でも強く記憶に残っています。

「我々の仕事は、『どうするか』ではなく『誰に頼むか』を決めることが大きなポイントでもあるのです」

それは「あなたを信用していいのか？」という投げかけでもありました。そこはこれからの私の行動で信用を得ていくしかありません。

批判ばかりして解決策を示さないようであればコンサルの意味がありませんし、庄内の事情や体制も考慮しながらできることに優先順位をつけてやっていくしか方法はない。

地域のことはすべて会議で決めていく組織なので、まずは全員が同じ方向を向いていただけるようにわかりやすく、丁寧に説明すること、そして、地域の声にしっかりと耳を傾ける重要性を感じました。

しかも、ここで2枚目の壁が立ちはだかりました。

「お金がありません」

ううむ。お金がないことには何もできません。だったら、お金を生み出す方法はないかと、5人で鼻を突き合わせて考え始めました。

そこで私の中に浮かんだのが、「いろいろな無駄を省く」ということでした。経営の立て直しを図る民間企業では、当たり前にやっていることです。

パンフレット作りません宣言

断捨離できそうなものを考えてみたところ、まずチラシやパンフレットが頭に浮かびました。実際、ついさっきまでいた庄内空港にも、観光チラシやパンフレットが大量にありました。ところが、見たところ、それを手にする人はほとんどいない。

それもそのはずです。今から庄内を離れる人がそれらを必要としないのはもちろん、庄内空港に降り立った人も、その時点では旅のプランはほとんど決まっているからです。

誰にも見てもらえないなら、パンフレットを制作しても意味がありません。

聞けば、パンフレット制作の予算は年間数百万円。パンフレットを作らなければそれだけのお金を他に回すことができます。

パンフレットを1万人に見てもらおうとすれば、1万部作る必要があります。でも、ウェブサイトなら1ページ作りさえすれば何万もの人に情報を届けることができる。「新しいことを行うには新規予算を獲得しなくては！」という議論がされがちですが、既存予算の中でも予算の構成比を変更して、複数年で考えればできないことはありません。

大切なのは地域の将来をいい方向に変えるための正しい決断です。

従来の方法を変更するときには必ず反対の意見が挙がるものです。それはどの世界でも同じこと。限られた条件で改善するためには丁寧に説明し、最後は決断し、進めることが必要です。

「新しいことを総予算を変えない中でやるのですから、選択と集中ですね、よし、これでいきましょう！」

若手2人の顔がパッと明るくなりました。

自治体においてはいろいろなしがらみがあり、従来の手法を変える内部調整が大変なことは百も承知ですが、小さなことを積み重ねて、時代に合わせた方向に持っていくしかありません。

あちこちから叩かれるのは承知の上で、パンフレット制作をいったんストップし、庄内を客観的に見て、庄内の何を誰にアピールするのかを明確にすること。それらを材料にどのように情報発信の核である、魅力あるウェブサイトを構築していくかを考え、進める、という方向性で話がまとまり、私は東京へ戻りました。

地元にとっては大きな変化になりますし、私はいつも以上に丁寧に事を運ぼうと考えました。

いきなり東京から「観光消費拡大コンサルタント」などという得体の知れない人間が乗り込んできて、「庄内の観光素材はこれとこれとこれで、それらを全国にアピールするためにもウェブ戦略が必要なんです」と話したところで、地元の方たちに反発されるのは必至です。私の提案を受け入れ、「改革を進める」という英断を下してくれたKさんたちのためにも、できるかぎりいい形で事を進めていきたいと思いました。

そこで、いきなりウェブサイト制作を始めるのではなく、地元の人たちを巻き込んで一から戦略を考えることにしたのです。

何を、誰にアピールするかを明確にする

私の講演からちょうど1カ月後、第1回戦略会議を開催することが決定しました。

そこで私は、出席者には会議そのものの進め方の提案から始めようと考えました。誰もが納得する戦略を立て、それをみんなで一丸となって推し進めるためには、会議は建設的

なものでなければいけないからです。

会議は、ただ回を重ねても意味がありません。そこで、戦略会議1回目は「ブレスト（ブレインストーミング）会議」、2回目「意志決定会議」、3回目「決定事項報告会議」の計3回とすることにしました。

ブレスト会議は結論を出さなくていいので、とにかく全員が自由に考えてアイデアを出す、いわばネタ会議。そのブレストを踏んだ上で戦略を明確に決めるのが意志決定会議。そこで決定したことを戦略として、3回目の連絡会で報告・発表するという具合です。

そして、第1回戦略会議当日。結構な大事業なので、なるべく多くの人に関わってもらおうと声をかけた結果、Kさんたち4人の他、県庁職員、JR、航空会社、ホテル、お土産店など庄内の観光に関係している約30人が集まりました。

机をロの字型に並べ、席に着いてもらいます。ざっと見回すと、当然ながら知り合い同士が並んで席に着いていています。そこで、頭をよりやわらかくしてもらうためにいつもと違った雰囲気にしようと席替えを提案しました。

それも、朝ごはんが「パン派」か「ごはん派」かで席を分けることにしたのです。

意外にパン派の人も多く、私は「あれ？　庄内は米どころなのに、なぜパンを食べるんですか？」と質問しました。「たしかに庄内米は他のお米よりおいしい。観光客にはごはんを進めるけど、私はパンが好きなんです」と答える人もいて、会場の硬い空気が少しずつほぐれていきました。
その後、雰囲気をより盛り上げるために少し雑談を続け、出席者が「あれ？　今日は何の会議だったけ？」と思い始めたところで、いよいよブレスト会議スタートです。
観光戦略の基本は「何を、誰に伝えるか」。そして、B級観光地道を究めるために「オンリーワン」を見つけることです。
そこで、最初のお題は「庄内で消費をもたらす観光素材は？」。「これ」というものが100個挙がるまで続けることにしました。
Aさん「出羽三山！」
私「三山のうち、どれですか？　湯殿山？　羽黒山？　月山？」
Aさん「うーん、羽黒山」
Bさん「えーっ、月山でしょ」
私「どちらも貴重なものですよ、どっちがいいという議論ではなく、羽黒山や月山で何をしてもらったら消費につながるかというアイデアを出し合いましょう！　はい次！」
Cさん「最上川！」
私「川がどうしました？　舟下りなら観光消費につながりますよ。もう少し具体的に言ってみてください、舟下りも船頭さんの舟歌が付いていたり、舟の中でどんな地元食が食べられるかをPRすることが消費につながるのではないでしょうか？　川と言ういうだけではなく川を利用した観光消費を考えていきますよ～」

こうして20個くらい挙がったところで、みなさん、詰まってしまいました。そこで私は「これしかないですか？　まだまだあるでしょう！」と煽ります。

Dさん「グルメ！」

私「グルメという食べ物はないですねー。山菜ですか？　魚介類ですか？　でも山菜という食べ物もないですから、もっともっと具体的にいきましょう！」

すると、「孟宗竹」「岩牡蠣」……と具体的にどんどん出てくる。そのうち「みんなよりもっと具体的に言ってやろう」という雰囲気になって、

「道の駅あつみで食べる生岩牡蠣！」

「農家レストラン農々家で食べる庄内の芋煮」というように、より細かい、具体的な意見が出るようになりました。

私もこのときに初めて知りましたが、山形県の芋煮は内陸では牛肉の醤油味、日本海側の庄内では豚肉の味噌味と、異なるのだそうです。

観光客はこういった違いや、なぜそうなったかというストーリーが大好きで、だからこ

そ、その土地ならではの食事をしたくなるのです。地元の人にとっては当たり前でも観光客にとって魅力的なものが1つ見つかった貴重な一瞬でした。

「その芋煮なら、◯◯ホテルの朝食で一年中出しているぞ！」「それをPRすれば芋煮の季節以外にもいいね！」などと観光消費につながる話に拡大してきました。

こうなればしめたものです。出席者のみなさんの頭の中に「庄内での観光消費」のイメージが明確になり、しかもそれをみんなで共有できるからです。

午後は席替えをして、気分を変えました。ここ5年以内に誰かに告白されたり、告白したことがある方と恋愛にはご無沙汰、というチームに分けてみました。

少し冒険だったのですが、だいぶ打ち解けてきた様子だったので提案してみたところ、一番お若い20代前半の女性の「実は今日がその告白の回答をもらう日なので、正直、観光戦略どころではないのです」という発言に大いに盛り上がり、年配の方々はほのぼのとしたお顔で聞いておられるのが印象的でした。

素材が100個挙がったら、次のお題は「庄内空港に新たな名前を付けるとしたら？」。そうです、東京との貴重なゲートウエイですから、庄内をイメージできる名称を付けることで、庄内のPRポイントをより明確にしたかったのです。

「即身仏空港」「出羽三山空港」「つや姫空港」「山伏空港」「だだちゃ豆空港」……と、おもしろい名前がたくさん挙がりました。そこでブレストは終了。
次に、100個の観光素材のジャンル分けを行いました。「何を、誰に」の「誰に」、すなわちターゲットを明確にするためです。
「歴史系」「自然系」「グルメ系」「スイーツ系」などに分け、それぞれ誰をターゲットにするかを考えます。たとえば、「スイーツ系」だったらこんな具合です。
山形県はさくらんぼや桃、洋梨などの名産地で、これらを使ったスイーツの名前がいろいろ挙がっていました。
私「ターゲットは誰ですか?」
Eさん「女子高生、女子大生、OLさんかな?」
私「地元の？　それとも東京の？　東京には魅力的なスイーツがたくさん、それこそ世界中から集まっていますよ。そんな目も舌も肥えたOLさんたちが、スイーツ目当てにわざわざ山形県に来るでしょうか?」
Eさん「うーん……じゃあ、マイカーで移動できる県内と新潟北部、秋田南部の女子大学生、OLさん！」
私「よし、決まった！」
この作業は、自分たちが「これぞオンリーワン」と思い込んでいるものを客観視して、正しい判断をすることにもつながります。オンリーワンは海外からも人を呼べるレベルでなくても大丈夫です。ある一定の層にとってのナンバーワンであればいいのです。温泉だって、本当は誰もが行きたい温泉地はあると思いますが、日常的には近くにある近所の健康ランドに行っているはずです。

年に1回の訪問で1万円使っていただくよりは、1回1000円でも毎月来てくだされば観光消費額は高くなります。PRだって、特定の地域に特化すればいいので、そのコストは下がるはずです。

また、「湯野浜海岸でのサーフィン」という意見がありました。山形県鶴岡市にある湯野浜海岸は「日本サーフィン発祥の地」だといいます。これを「自然系」にジャンル分けする際、私は次のように言いました。

私「日本サーフィン発祥の地と言いながら、あまりサーファーの姿を見かけませんね」

Fさん「でも、『波乗り発祥の浜』という像があるんです」

私「サーファーは、いい波のあるところに行きたいのであって、像を見に来たいわけではありませんよね」

Fさん「たしかに……」

私「では新潟の北部、庄内、秋田南部のサーフポイントを調べて、一番いい波の立つビーチが庄内にあれば、近隣のサーファーが来るかもしれませんね。サーフィンの後にシャワーを浴びたり、温泉に入ったり、食事をしたりする場所も併せてＰＲすれば観光消費につながりますね！」

このように、ジャンル分けをしつつ、１００個の素材１つ１つについて「このターゲットは誰か」を明らかにしていくことがとても大切なのです。

それを次の会議までにそれぞれ考えてくることを宿題にして、第１回戦略会議は終了しました。途中、休憩や席替えを挟みながら約5時間。みなさん、へとへとのようでしたが、「こういう会議は初めて。おもしろかった」「庄内には自分が知らない、消費につながる観光素材が結構あるんだ」と満足そうな表情をしている方が多いのが印象的でした。

近隣と首都圏、戦場ごとに戦い方を変える

第2回戦略会議は、前回挙がった観光素材をＰＲするにはどんな戦略を取るべきかを決める、意志決定会議です。

ここで私が行ったのは、観光戦略を「首都圏内」と「マイカー圏内」で別にすること。

観光で地元に元気を取り戻す。そう考えたとき、どうしても首都圏に目が向いてしまい、

近隣からの集客を見落としがちです。しかし、先のスイーツの例のように、東京や大阪といった大都会に暮らす人たちは目も舌も肥えている。また、同じように首都圏からの集客を狙っているライバルがたくさんいます。

地方都市がそうした激戦区に乗り込むには、かなりの体力（お金）と知力（戦略）が必要です。

もちろん首都圏対策をあきらめることはありませんが、自動車に乗って気軽に訪れてくれるお客さんを集めることも大切。ですから、首都圏内とマイカー圏内、それぞれ異なった戦略を立てることが重要なのです。

ここで大事なのは、「諭吉は諭吉」という考え方です。首都圏からの観光客が地元で使ってくれる1万円と、近隣からの観光客が使ってくれる1万円に差はありません。

そこでまず、「マイカー圏内」の戦略を立てることにしました。前回の会議で考えた観光素材のジャンルのうち、近隣からの集客が望めるものは何か。会議の出席者には「自分自身が週末にマイカーでひょいっと行ける」というものを考えてもらうことにしました。

しかし、ここでも「おらが村が一番」的な思い込みが邪魔をします。たとえば、「温泉」。山形県は全国で唯一、県内すべての市町村に温泉があり、庄内にも湯野浜温泉やあつみ温泉など、いい温泉地があります。

日本人は温泉好きだから、庄内の温泉も首都圏の温泉ファンを呼び込めるはずだと、地元の方たちは考えていたようです。しかし、山形県の温泉で全国的に知名度が高いのは、県の内陸にある蔵王温泉。残念ながら、庄内にある温泉は知名度としては高いほうではありません。

また、温泉マニアを除く多くの人は、効能を別にして「乳白色」や「茶褐色」「炭酸泉」といった、ビジュアルや触感に特徴のあるお湯に惹かれるもの。わざわざ遠くから飛行機や新幹線に乗ってお湯に浸かりに来たいと思わせるにはそれなりのインパクトも必要です。

実は、温泉は全国のほぼすべての県に存在するので、日本人が大好きな素材ではありますが、それをもって集客するのは大変な激戦区です。これはラーメンや桜、名水なども同様で、あえて激戦区の素材で戦わないことも大切な観光戦略なのです。

そんな話をして、会場の空気はまた悪くなりましたが、みなさんにはとにかく現実を知ってもらわなければいけません。客観的に見て、それぞれの観光素材がマイカー圏内と首都圏のどちらのカテゴリーに属するか、意見を交わし、「海水浴」「スイーツめぐり」「バードウォッチング」など、最終的に8つをマイカー圏内のカテゴリーに入れました。

一方、首都圏対策としては、「全国レベルで通用する素材は何か」を考えました。後の章で改めて述べますが、私は観光素材を「世界大会」「アジア大会」「全国大会」「東北大会」「県大会」「市町村大会」……とランク分けをすることが大事だと考えています。首都圏での戦いに勝ち抜くためには、世界やアジアまでとは行かなくても全国で通用する観光素材である必要があります。

その基準で考えていくと、庄内には全国大会レベルの素材が4つあることがわかりました。「巡礼（修験道）」「地酒めぐり」「月山&鳥海山のトレッキング」「写真・スケッチの素材」です。

「巡礼」を選んだのは、庄内には出羽三山（月山・羽黒山・湯殿山）があるからで、出羽三山は山岳信仰の場として知られ、「厳しい荒行に耐えることができる男子」であることを条件に、毎年数多くの山伏修行の申し込みを受け入れています。

宿泊場所としての宿坊も多々あり、知名度では四国のお遍路のほうが高いにしても、負けず劣らずの歴史や特異性、この場所ならではのめずらしさがありました。

本当の山伏修行はかなりきついものですが、プチ体験のようなコースもあり、精進料理を健康食、山での修行をエクササイズととらえ、「山伏ガール」の募集も始めることにしました。

「地酒めぐり」も、庄内には日本酒の蔵元が20ほどあり、全国にファンを持つ銘柄も少なくありません。お隣の新潟県に数では及びませんが、限られたエリアにおけるそのクオリティとお酒に合わせた食材の豊かさは国内有数のものだと思います。

「トレッキング」を選んだのは、日本百名山のうちの人気山2つ、月山と鳥海山が近い距離にあるからです。特に鳥海山は、山の裾野から頂上まで登ることができるめずらしい山。海(カヤック)から里(自転車)、山頂(登山)まで登る「SEA TO SUMMIT」という大会も開かれ、アウトドア好きの集客が見込めます。

また、「水筒いらずの山」とも呼ばれるように周辺には湧き水が数多くあり、高山植物の種類が豊富など、山歩き愛好者たちの心を惹きつける要素が鳥海山にはたくさん詰まっているので、堂々、全国大会レベルです。

「写真・スケッチ」は、田んぼに水が張られる時季、そこに逆さ富士のように鳥海山が映り込んだり、上空を行く飛行機が映り込んだりと、他の土地ではなかなか撮影できない景色が庄内にはありました。これは、前回の「庄内のオンリーワン100」リストアップによって地元の人たちも改めて気づいたことでした。

ちなみに、以上4つのカテゴリーを選んだのにはもう1つ、大きな理由があります。それは、それぞれファン(マニア)向けの媒体やウェブ上のコミュニティがあるということです。弱者の戦略、「コアをターゲット」にすれば集客の確率が高まるからです。

デジタルとアナログ、二刀流で攻める

では、マイカー圏内向けと首都圏向け、それぞれの観光素材を、どこに、どうやって売り込めばいいのでしょうか。

まずは、ウェブサイトでの告知です。繰り返しになりますが、ウェブサイトはただ見た目をきれいに作っただけでは意味がありません。戦略に基づいた写真と情報をサイト上にアップし、インターネット検索で確実にヒットさせるような工夫が必要です。

当時の協会のウェブサイトには、これらの工夫がなされていませんでした。

ここで活用したのは、まずは一般的に実施しなくてはならないSEO対策。ウェブサイトをグーグル（Google）やヤフー（Yahoo!）などの有力検索エンジンに知ってもらい、検索したときに上位に表示されるための措置です。ここでは技術的な話は割愛します。

また特定のキーワードを入れて検索した際、「広告」としてトップページに表示される「リスティング広告」も併用しました。これは、庄内の観光素材に興味を持った人へ、シーズンに応じてピンポイントで売り込めるのが大きな利点です。新酒祭りや紅葉などはど

のくらい前に広告を出せば最適なのか？　どのエリアで検索されたときに表示すべきか？　こうした細かい設定が可能です。

リスティング広告を使うにはお金がかかりますが、ターゲットを絞り込めば低い予算でも優位に立つことができる。そのためにも「何を、誰に」を明らかにして戦略を立てることが重要なのです。

さらに、こうしてウェブサイトに誘導した人を逃がさない工夫が必要です。行政が作る観光ウェブサイトは、ほしい情報になかなかたどり着けないケースが多いのです。これはなんでもトップページに紹介し、すべてを目立たせようとした結果、すべてがゴチャゴチャになり、何を伝えたいのかがわからない印象を与えてしまうため。地域の平等性を重んじるがゆえの問題です。

「ここに行きたいな」と思ってくれた人の気持ちをそらさないためには、「使いやすく、かゆいところに手が届くような情報」が得られるサイトにしなければいけません。

たとえば、「巡礼」というワードで検索してクリックしたら巡礼のページに、「トレッキング」で検索したらトレッキングのページに直接つながるようにする。「庄内に観光客を呼ぶ！」のではなく、巡礼したい人に羽黒山に来ていただいて、結果として庄内に来ていただく、高山植物が豊富なトレッキングコースを歩いていただいて、結果として庄内に来ていただくという考え方で作ることです。

これはマーケティング的に言うと、利用者のニーズから入って観光素材を紹介する「マーケットイン」という考え方であり、はじめに商品ありきで特にターゲットを考えずに告知することを「プロダクトアウト」といいます。

こんなふうにして、それぞれの魅力をターゲットが見つけやすい形にして、検索キーワードと着地させるコンテンツを結びつける工夫をした上で、地元の飲食店をおいしそうな画像とともにどんどん掲載し、宿泊予約サイトとタイアップし、ウェブサイト内から直接宿泊予約ができるようにしました。こうすることによって、協会がこれまで電話で案内していた時間を節約でき、その分運用更新に時間をかけられるようになるとともに、旅行者にとってもいつでも情報を得ることができるようになりました。

ウェブサイトでの告知の他、アナログな戦略も取りました。マイカー圏内の観光については、地元や近隣の人たちにより密着した情報発信元である地元新聞、県民・市民だより、ローカル誌・冊子などに告知し、イベント告知や旬の食材などの事前情報を小まめに提供することにしました。

首都圏対策としては「一般観光客対策」と「旅行会社対策」の2つに分けて考えました。前者に関しては、4つのカテゴリーに関連する専門雑誌や新聞の発行元に広告を出したり、ファン（マニア）コミュニティにプレスリリースなどを送付することに。

後者については、それまで旅行会社、航空・鉄道会社各社を同じように営業をかけていたところを、庄内が強い分野、つまり4つのカテゴリーに関連する顧客を持っている会社を重点的に訪ねることにしました。

たとえば、巡礼やトレッキングを趣味とする人向けの旅企画を販売しているツアー会社に、庄内オリジナルのプランを提案する。グルメや写真の専門誌に働きかける。それによって、各ファンが「出羽三山での巡礼もありだな」「庄内の新酒祭りも楽しそうだ」と庄内に興味を持ってくれるはずだと考えました。

実際に、地元の山岳ガイドと考えたオリジナルプラン「鳥海山トレッキング」もトレッキングで10万人近い顧客を持っている大手旅行会社での販売にこぎ着けました。

こうして練り上げた戦略をまとめ、協会は庄内の観光戦略を発表。同時に予算を捻出するための「観光パンフレット作りません宣言」を行い、地元新聞でも3回にわたって紹介されました。

ウェブサイトの再構築、営業用資料の刷新、特定の顧客層を持つ旅行会社への営業などこれまでにない手法で、みなで決めた戦略に沿った行動をとりました。

ウェブサイトへのアクセス数は、リニューアル前の3倍以上になり、戦略の骨子に据えたコンテンツの滞在時間も大幅に増えました。

観光誘客にはさまざまな要因が影響しますので一概には言えませんが、庄内のみなさんの頑張りもあり、２０１２年度に庄内地方を訪れた観光客数は約１２００万人。そこから少しずつ増え続け、現在は１４００万人強が訪れています（「山形県観光者数調査」による）。

覚醒し、学び、正しい自信を取り戻す

ウェブサイトの再構築をはじめとする新たな観光戦略は、予算総額内に収まったこともあり、協会員他、観光関連の方たちには一定の評価をいただくことができました。

最初のうちは完全なる憎まれ役だった私も、わずかながら信頼を得られたような……気がしています。

私は、観光が元気を取り戻し、より発展していくためにあれこれ指摘をしたわけで、地元の方たちを否定したかったわけではありません。私の仕事はあくまでも、観光に関する正しく効率的な方法を実施していただくことです。

とはいえ、誰だってダメ出しされれば、自分を否定されたような気持ちになるでしょう。

それを避けるために、会議が終わった後は、飲み会に進んで参加し、できるかぎり地元の方たちと話をするようにしました。「さっきは厳しいことを言って、ごめんなさい」と言いながら。

すると、「B級だと言われて最初は頭にきたけど、B級ならではの強みもあることがわかった」「ズバズバ言いたいことを言われて、自分たちに何が足りなかったのかが初めてわかった」「ここにもまだまだたくさん、いいところがあったし、全国区とそうじゃない区分がわかったことは大きな財産でした」など、前向きな声が挙がるようになり、ほっとひと安心でした。

地元の方たちが覚醒し、学び、正しい自信を取り戻してこそ、観光地の復興がかないます。A級を目指さない。頭をやわらかくして、B級ならではの観光戦略を展開する。次章から、その具体的な方法について見ていくことにしましょう。

第2章

どんな町にも宝物はある！

「いいところ」を、とにかく100個

この章では、B級観光地ならではのオンリーワンの見つけ方について、考えてみます。観光戦略の基本は「何を、誰に、どうやってアピールするか」。まずは、その「何を」を見つけることから始めましょう。

観光客を誘致したいと思うと、「目玉になるような何かを新たに作らなければ」と考えてしまいがちです。

しかし、そうした「0から1を作る」ようなことはやめたほうがいいでしょう。なぜなら、人手もお金も手間もかかりながら、失敗する確率が非常に高いからです。

私の持論は「1を2にする」。つまり、今あるものをブラッシュアップしたり、組み合わせたり、ちょっとした仕掛けを施すことです。B級観光地なら、「1を1・1にする」くらいの気持ちでも大いに効果があるかもしれません。

では、自分の町に今ある観光素材は何なのか。それを知るために、前章で取り上げた山形・庄内観光コンベンション協会の例のように「この町のいいところ」を100個、洗い出します。どんなにささいなものでも構いません。ただし、できるかぎり具体的に、たと

えば「○○神社」ではなく「全国的にもめずらしい奇祭のある○○神社」というように。

そしてどこでお金を使っていただくかということをセットに考えます。

「どうしても足らない」「もう何も出てこない」というときは、訪ねてきてくれた人に聞いてみましょう。観光地ならどこでも、たとえ数は少なくても「観光客」はいるでしょう。その人たちをつかまえて「なぜ、ここに来たんですか？」とインタビューすれば、自分たちが忘れていた、あるいは気づかなかった観光素材が見つかるものです。

こうして、とにかく100個挙がるまで考える。A級でないところは、そうやってどんな小さな可能性も見逃さず、観光素材に活かせるものを洗い出すことが重要です。

「観光素材を100個リストアップする」というと、観光協会などが発行した「我が県の○○百選」といったガイドブックを目にすることがよくあります。開いてみると、情報は満載ですが、総花的で何ひとつ目に留まりません。

地元のグルメにしても、たとえば「我が県は地鶏が自慢」と地鶏料理を紹介しているだけ。観光客としては、それをどこで食べられるのか、どこの店が一番おいしいのかを知りたいのですが、そういった情報がまったく見当たりません。

なぜなら、この手のガイドブックは、平等主義に基づいて特定の店を紹介できないことが多いのです。情報量はあっても全部が平等に紹介されているので、おすすめがわかりにくなっています。

観光協会は正しくは民間の組織です。しかし、その財源は県や市役所から出ているので「特定の店をナンバーワンとして紹介するようなひいきはできない」という考えがあるのも理解できます。また、いくらいい店だとわかっていても「あそこからは協会費をもらっていないから紹介できない」という事情もあるようです。

しかし、観光で地元を活性化したいなら当然、「観光客ファースト」であるべきです。訪れている人や訪れてくれるかもしれない人にとって、かゆいところに手が届く情報を発信しなければ、ガイドブックを作る意味がありません。

もし、あなたの関わっている観光団体が「◯◯百選」を作ろうとしているなら、今すぐ制作をストップし、その予算を他に回したほうが賢明です。

先述したように、私が「いいところを100個挙げる」というのはわずかな可能性も見逃さないため。よそにはない自分たちならではの観光素材を探そうと思ったら、候補が10個より100個あったほうが、よりいいものを見つけられるからです。

そして「100個挙げておしまい」ではなく、それらを「歴史系」「グルメ系」「自然系」などと大まかにジャンル分けし、各ジャンル内で、自分たちがオンリーワンになれる可能性のあるものを厳選。そして、それぞれ誰をターゲットにするか（それを喜ぶのは誰か）を考えていくのです。

その素材は世界大会レベルか、全国大会レベルか

次に行うのは、洗い出して残った観光素材がどれだけ観光客を惹きつける力を持っているかということを冷静に、客観的に検証する作業です

観光素材はそれ自体を誇るものではなく、観光消費をもたらすためのきっかけに他なりません。ですから、それが本当に宝物なのか、さらには誰にとって宝物なのかということをロジカルに検証する必要があるのです。

そこで、観光素材を「世界大会」「アジア大会」「全国大会」……というように、レベル分けをしてみましょう。

その素材が海外の人にも「行きたい！」と思ってもらえるようなものなら世界大会レベル、中国や台湾、韓国など近隣諸国の人なら「行こうかな」と思えってもらえそうならアジア大会レベル、という具合です。

日本全体で考えると、世界大会レベルの素材は富士山、京都、北海道のスキー。アジア大会レベルは東京ディズニーリゾート、ユニバーサル・スタジオ・ジャパン、といったと

ころでしょうか。

日本の世界大会レベルの観光地も本当に世界中から観光客を呼ぼうと思ったら、名だたるライバルたちとの戦いに勝ち抜かなければなりません。具体的には「エジプトのピラミッド」「万里の長城」「グランドキャニオン」「グレードバリアリーフ」……などといった、そうそうたる顔ぶれです。

「強い競合」と戦うことは消耗につながるのでなるべく避け、本来の目的である「集金」のために自分の町の観光素材はどのレベルなのか、どこから集客したらいいのかを客観的に考えていきます。

私は、観光戦略の策定を依頼された場合には必ずこの作業をやってもらいますが、多くの町が「うちの〇〇は相当高いレベルだ」と思っています。

しかし、本当にそうでしょうか？　自分たちの町に誇りを持つのは素晴らしいことですが、私に言わせれば、それは自分たちだけの思い込みです。

愛媛県喜多郡内子町のケースを例にとりましょう。内子町でも「いいところ」を100個洗い出してもらいました。その結果、町の観光素材ナンバーワンは「町並み」、ナンバー2は「内子座」に。そこでこの2について「どのレベルの大会で戦えると思いますか？」と尋ねたところ、その場にいた何人かの方は「全国大会で戦える」と答えました。

内子町は江戸時代から明治にかけての趣を残す町です。「木蠟《もくろう》」というハゼノキの中果皮から採れる油脂で財をなした豪商の屋敷や町家が今も600メートルにわたり軒を連ねる様子は歴史情緒にあふれ、地元の人たちが「全国レベルだ」と誇りたい気持ちもわかります。

でも、「じゃあ、東京の方は内子に来る前に京都を通りますが、京都を素通りしてきてくれるでしょうか?」と尋ねると、ほぼ全員「そりゃあ、厳しい」。ブランド力と、質の面でも「かなわない」とみなさん口を揃えました。

ナンバー2の内子座は、1916年に大正天皇の即位を祝して創建された古い芝居小屋。老朽化によって取り壊されるところ、地元の人たちの熱意によって改修が決定、1985年に復元され、今に至っています。

そうした経緯があるだけに、みなさんの思い入れも強く「全国大会レベル」と判断したのでしょう。ところが、「じゃあ、東京・銀座の歌舞伎座に素材として勝てると思いますか?」と聞くと、これまたほぼ全員「厳しい」。みなさん、かなりがっかりした顔をしていました。

しかし、観光戦略を考える際にはこうして「うちの宝物は他と比べてどの程度の価値があるのか」を考えるのと同時に、「どうしたら集金(観光消費)を喚起できるのか」を冷静に、客観的に考えることが大切なのです。その施設自体の質を競っているわけではないですし、素材としての知名度は京都や歌舞伎座には及ばなくても、消費を喚起してくれる存在になれば、地元ではさらに貴重な観光資源になります。

内子座は年間50日の稼働で、残り約300日は施設そのものの見学という見せ方になっていました。ここを有効に活用するために「地元アマチュア・学生ブラスバンドのコンサート会場」「企業の株主総会や入社式の拠点」、「レンタル貸しスペースとしてのウェブ登録」などのアイデアが出て、町としての観光戦略に具体化されました。

何度も申し上げますが、自分たちのことを客観視できなければ正しい戦略は立てられません。

A級観光地以外の町の宝物は、世界では通用しないものがほとんどです。アジア大会でも難しいでしょう。さらには、全国大会で勝てる宝物を持っている町もそう多くはありません。

多くの町の人たちは、「うちの○○を世界遺産に申請しよう」と言います。しかし、我が子がかわいいことと、我が子がジャニーズのタレントやアイドルになれることは別次元の話です。観光素材もそれと同じこと。厳しいことを言うようですが、それが現実です。

まずは、地元・近隣から攻めよ

しかし、打ちひしがれている場合ではありません。全国大会はダメでも、県大会や市区町村大会レベルなら十分、勝ち目のある宝物が、どの町にも必ず存在します。そこに目を向けるのです。

B級観光地の場合、世界大会やアジア大会に打って出ないのはもちろん、はじめのうちは全国大会をも目指す必要はないと私は考えています。

そう、「諭吉は諭吉」。わざわざ全国から人を呼ばなくても、地元や近隣の町や村、県から人が訪れてお金を落としてくれれば、それでいいではありませんか。

そもそも、近くの人がまったく近寄らず、遠方からの来訪者だけで成功しているなんて、A級観光地でもあり得ません。逆に、地元や近隣の人たちに愛されるようになれば、やがて全国大会に挑戦できる力がついていきます。

キラーコンテンツは「花」

人は「日本初」とか「アジア初」「世界最大」といったナンバーワンワードに弱いもの。「だったら、今度行ってみようかな」という気になるでしょう。そこで楽しい体験ができれば、近いだけにリピートする確率はグッと上がります。

「B級はわざわざ全国大会出場を目指さないでいい、まずは地元・近隣から人を呼ぶことが先決だ」という私の持論はデータで見ても明らかです。

全国都道府県の観光統計は各県庁のウェブサイトに掲載されていますが、ナンバーワンを占める観光客はどこもそこに住んでいる人たちです。九州や北海道は域内旅行が盛んなことで知られていますが、地元の人が一番の消費者になることで、1回あたりは少額でも累積で大きな利益をもたらしてくれます。東京や大阪のような広告や各種媒体費が高いところにPRするよりはその何分の1の金額で、何度も告知したほうが効率的なことは明らかです。

自然系なら、花畑が強い集客力を持っています。旅行を決定する方の大半が女性で、その女性が大好きなのが花。また、最近ではシニアの写真愛好家も多く、その人たちにとって花が咲き乱れる景色は最高の素材です。

ただし、桜の名所は日本全国各地にあるので、数多く紹介はされますが、その中でナンバーワンになることは難しい。さらに桜は1週間で散ってしまいますし、いつ咲くのかが年によって流動的なのが難点です。「激戦区では戦わない」というのが私の持論です。

北海道・富良野町のラベンダー、茨城県・国営ひたち海浜公園のネモフィラ、栃木県足利市にある、あしかがフラワーパークの藤、埼玉県日高市の曼珠沙華、富山県砺波市のチューリップなどのように、ある程度のボリュームで見られることがポイントです。

あなたの地元にそういった花は何かありませんか？　特別な花でなくても、地元である程度存在している花を少しずつ拡大した規模で花畑を造れる場所があれば、年々宝物になっていくことでしょう。

ここで大切なのは、お花を見るだけでは観光消費が発生しないということ。その時季に合わせた地元の素材を使ったお弁当屋や飲食店、お土産などを用意し、ほんの少しずつでもいいので、来訪した人に何かしら消費をしていただけるように工夫することが大切です。

マニアの大好物を探せ！

さらに、「マニア」や「オタク」が喜ぶような素材はないでしょうか？　宝物候補を100個挙げた際に、それぞれ誰がターゲットかを考えたことがここで生きてきます。特定のファンの存在が予想されるのは、アニメ・ゲーム系や映画のロケ地系、歴史系など。このキーワードに引っかかる素材は、ありませんか？

アニメ・ゲーム系でいえば、最近では鳥取県砂丘が「ポケモンGO」のファンの心をつかんで大いに盛り上がりました。「ポケモンGO」では路上での歩きスマホが問題になりましたが、砂丘には道もなければ信号もない。万一、誰かとぶつかって転んでも下は砂なので大ケガをする心配もありません。

鳥取県はそこに目を付け、「鳥取砂丘スナホ・ゲーム解放区宣言」を発表。「ポケモンGO」とのコラボレーションイベントを開催したところ、3日間で延べ8万7000人が訪れ、経済効果は十数億円に上ったと言われています。

このレスポンスは素晴らしいものですが、しかしこれはあくまで地元の魅力ではなく、「ポケモンGO」の効果ですので、この人たちにいかにリピートしていただくかを考え、

「また来たい」と思われる作戦を練っておく必要があります。一過性の集客を繰り返してしまいますと、本質的な対応をする時間がなくなってしまいます。

また、アニメやマンガの舞台となった「聖地」には、その作品のファンが海外からも訪れます。人気のアニメやマンガをチェックしてみてください。ひょっとすると、地元のある場所が舞台になっているかもしれません。

マニアやオタクをターゲットにするメリットは、リピート率が高いことです。例を1つ挙げましょう。

山梨県に「富士五湖」がありますが、そのうちの本栖湖は知る人ぞ知るウインドサーフィンの聖地。地形的に、富士山からの吹き下ろしの通り道になっていて、とてもいい風が吹くのです。そして、山中湖や河口湖のように人が多くないので、サーフィン中の衝突事故の心配がありません。

また、湖は海と違って淡水のため水を浴びても道具や体が塩でべたつかず、シャワーを浴びなくても帰ってこられます。こうしたことがウインドサーファーにとっては非常に都合がいいのです。

本栖湖は富士五湖の中でも地味な存在で、普通の人たちは通り過ぎてしまいがちです。

それが今や、毎年シーズンである5～9月の週末は関東甲信越からものすごい数のウインドサーファーが集まり、近辺の宿は予約でいっぱいです。

本栖湖のように、ただそこにあるだけなのに、特定の人たちにとっては条件がよく、聖地と見なされるような場所が、みなさんの町にもありませんか?

「逆算」すれば、確実に誘客できる

マニアの聖地を見つけるには、ターゲットを決めてから逆算する方法もあります。

たとえば、このところ自転車が人気で、サイクリストの数は年々増え続けています。

広島県や愛媛県はそこに目を付け「しまなみ海道」で自転車のイベントを開催し、サイクリストにうれしいサービスを展開し、今では全国からサイクリストが集まる聖地になりました。

広島空港には自転車組み立てスペースや専用工具が設置されているコーナーがあります し、自転車輸送に使用したダンボールの廃棄場所や帰宅時までの保管場所として利用することも可能で、サイクリストにターゲットを絞った素晴らしいサービスです。しまなみ海道の広島県側の起点でもある尾道には、高級自転車の保管場所を特別に確保できるスペースもあり、地域を挙げてサイクリストへのおもてなしに取り組んでいます。

次の例として、私事で恐縮ですが、私は子どもの頃から30年以上、剣道に親しんでいます。今はなかなか稽古に通えませんが、毎年11月3日に開催される全日本剣道選手権大会のテレビ中継は見逃しません。

そんな私と同じような、いやもっともっと熱心な剣道愛好家がわざわざ遠くから、しかも喜んで訪ねる場所はないだろうか？　そう考えたとき、剣豪・宮本武蔵の顔が頭に浮かびました。ご存知の通り、歴史に名を残す剣豪で、剣道愛好家のヒーローです。

武蔵は「二刀流」の開祖ですが、実際の戦いでは一度も二刀では戦っていないそうです。そのせいというわけではないと思いますが、日本剣道連盟に認められていながら、現在も二刀流で試合に臨む人は極めて少なく、歴代優勝者の中にも見当たりません。

ただ、剣道四段以上の昇段審査には、小刀と大刀を使った型が審査の対象になっていることもあり、多くの剣道愛好家は二刀流に興味を持っていると思います。

それなら、二刀流だけで行う剣道大会というものがあってもいいのでは？

開催場所はやはり、武蔵ゆかりの地。岡山県美作市にある宮本武蔵顕彰武蔵武道館なら、普段から各種剣道大会の会場になっています。美作市に依頼されたわけではありませんが、B級観光プロデューサーとしては妄想がどんどん膨らみます。

二刀流に憧れてはいても、正式に二刀流を習ったことがない人がほとんどです。そこで、大会の前日に二刀流のレクチャーが開かれるとなれば、前日から剣道愛好家たちが集まることでしょう。夜に懇親会を開けば、宿泊にもつながります。

試合当日は、二刀流対二刀流の試合はめずらしく、映像にインパクトがあるので、ニュースで取り上げてもらったり、新聞に取材に入ってもらったりすれば近隣のみならず、全国の剣道愛好家たちに興味を持ってもらえるでしょう。

日本全国の剣道人口は、２０１４年時点で約１７７万人。マーケットとしては十分ですし、剣道愛好家が読む媒体は『剣道時代』（体育とスポーツ出版社）など限られているので、告知も効率的に実施することができます。

この企画はまだ実現していないので、美作市への経済効果がどれだけあるのかわかりません。しかし「１を１・１にする」要領で、今あるものを活用し、特定のターゲットに向けてアピールをすれば、地元を活性化できるというシナリオとしては間違っていないと、私は思っています。

もう一度、テーブルの上にある宝物候補をチェックしてみてください。一度に数十万人も集客できる力はなくても、特定の人になら魅力的に映るようなマニアックな素材はありませんか？

ないなら作ってしまえ、「三大〇〇」

もう1つ、今ある素材を活かす方法があります。「三大〇〇」に名乗りを上げることです。

「〇〇百選」と言われても、多過ぎてピンときませんが、「三大〇〇」と言われると何やら特別な感じを受けませんか？

「三大〇〇」は、いろいろなジャンルにありますね。日本三景、日本三大夜景、日本三大名瀑……と、自然系に多いですが、かつて佐賀県の鍋島を訪れたとき、バスガイドさんに「日本三大化け猫騒動」なるものがあると教えてもらいました。

「そんな三大〇〇があるんだ」という気持ちで聞いていましたが、「化け猫騒動とは何だろう？」「残りの2か所はどこなのだろう？」と興味が広がります。そういった「知らないことを知る」「思いがけないことを知る」というのも旅の楽しさですし、切り口ということで考えれば、特に費用がかかるわけではありませんので、リスクはゼロです。

ところが、それほどこちらの気を惹きつけていながら、「三大〇〇」というのは3つが選ばれた基準が曖昧だったり、そもそも誰が三大だと決めたのかわからないケースが少なくありません。

日本三景や日本三大夜景クラスだと誰もがうなずくほどの説得力をもっていますが、ざっと調べてみると、「三大」のうち1つは「諸説あり」というものが結構多いのです。それでも「諸説って何なんだ、はっきりしろ！」ととがめる人などいません。

そうです、「名乗った者勝ち」なのです。

自分たちのお宝のうち、もしまだ世界大会レベルであると密かに思っているものがあったら、それをどこかの「三大○○」の3つ目に紛れ込ませて、「（諸説あり）」としてしまうのも1つの手。遠慮は禁物です。

ただし、その際に注意すべきポイントが2つあります。まず、少なくても1つは誰もが認める聖地が入っている「三大○○」でなければ、信用してもらえません。

たとえば、「日本三大うどん」は香川の讃岐うどん、秋田の稲庭うどんがあるから、3つ目として三重の伊勢うどんや群馬の水沢うどん、富山の氷見うどんなどが名乗り出ても、誰にも文句を言われないのでしょう。聖地が入っている「三大○○」なら、聖地のブランド力のおかげで3つ目の価値もぐんと上がる、つまり「他人のふんどしで相撲を取る」ことができるのです。

これを卑怯、姑息と思う必要はまったくありません。「他人のふんどしで相撲を取る」

■ 諸説なく、明確になっている三大シリーズ

名目	1	2	3
日本三景	松島(宮城)	天橋立(京都)	宮島(広島)
日本三大夜景	函館山(北海道)	摩耶山掬星台(兵庫)	稲佐山(長崎)
日本三名園	兼六園(石川)	偕楽園(茨城)	後楽園(岡山)
日本三大祭り	祇園祭(京都市八坂神社)	天神祭(大阪市大阪天満宮)	神田祭(東京都神田明神)

■ 諸説ありで、地域によって3つ目の中身が入れ替わるもの

名目	1	2	3	備考
日本三大名瀑	華厳の滝(栃木)	那智の滝(和歌山)	袋田の滝(茨城)	3つ目の滝が「袋田の滝」でないことも多い
日本三大がっかり名所	はりまや橋(高知)	札幌時計台(札幌)	オランダ坂(長崎)	守礼門(沖縄)の場合もあり
日本三大うどん	讃岐うどん(香川)	稲庭うどん(秋田)	五島うどん(長崎)	水沢うどん(群馬)、氷見うどん(富山)の場合もあり
日本三名城	名古屋城(愛知)	大阪城(大阪)	姫路城(兵庫)	熊本城(熊本)の場合もあり

■ ユニークな三大もの

名目	1	2	3
三大頑固	津軽じょっぱり(青森)	土佐いごっそう(高知)	肥後もっこす(熊本)
三大化け猫騒動	鍋島(佐賀)	有馬(福岡)	岡崎(愛知)
三大仇討ち	忠臣蔵(赤穂浪士の討ち入り)	鍵屋ノ辻(荒木又右衛門の仇討ち)	曾我物語(曾我兄弟の仇討ち)
三大暴れ川	利根川(坂東太郎)	筑後川(筑紫次郎)	吉野川(四国三郎)

のは、B級観光地にとって立派な戦略の1つです。

2つ目は、「三大○○」の他の土地との距離が離れていること。これは、競合を避けるためです。他の1つでも近くにあれば、観光客はそちらに流れてしまいかねません。たとえば、日本三景の「松島」(宮城)、天橋立(京都)、宮島(広島)のように、それぞれ遠く離れていることが必須です。

参考までに、「三大シリーズ」の表を載せておきます。

このうち、自分たちの宝物を紛れ込ませられそうなのは、「諸説あり」で、地域によって3つ目の中身が入れ替わるものです。

また、勝手に作って観光誘客に活用したい「三大○○」は、アイデア次第で「言い切ったもの勝ち!」ですので、観光戦略としてぜひおもしろいものを考えてみてください。

情報は読みやすく、わかりやすく

ここまで、よそにはない自分の町の宝物とそのターゲットを明らかにする方法を紹介してきました。

それができたら、次に考えるのは「それを、どうやってアピールするか」です。

考えもなくパンフレットやチラシ、「〇〇百選」のようなガイドブックを作っても、ターゲットの手元に届けるのはなかなかハードルが高いことは事実です。

地元・近隣向けの素材については、地元の新聞やローカル誌、タブロイド紙、県民だよりや市町村民だより、町内会の看板などに情報を流すのが有効です。

マニア向けの素材については、それぞれの専門誌、たとえば先に例として挙げたアニメ・ゲーム系の素材なら、アニメやゲームの専門誌、サイクリングロードなら自転車専門誌、剣道なら剣道専門誌。何かイベントを開催する場合は、開催前に情報を流したり、広告を打つのはもちろん、専門誌は比較的掲載費や広告費が安いので、宝物が広く認知されるまでは定期的に情報を提供したほうがいいでしょう。

そしてもちろん、インターネットを最大限活用すること。自分たちの宝物が個別のキーワードでインターネット検索に引っかかるような工夫（ＳＥＯ対策）をしたり、リスティング広告を効果的に使うことです。

インターネット広告というと、お金がかかると思われがちですが、たとえばリスティング広告を地元・近隣のみに向けて、しかも期間限定で打てば数万円で済みます。パンフレットやガイドブックの数を減らしたり、２人で行っていた出張を１人で行くなどの工夫をすれば、すぐに捻出できる金額でしょう。

より心に残るキャッチコピーを再考してみましょう

一般的な言葉		印象に残る強い言葉
おいしい	→	とろける味わい
きれい	→	ダントツ美しい
種類豊富	→	なんと100種類
おすすめ	→	20代女性人気No.1
期間限定	→	今だけ
お得	→	チャンス!
充実	→	200%
選べる	→	よりどりみどり
		絶対見つかる!
周遊	→	グルッと一周!
良い景色	→	眺望バツグン!
かくれた人気	→	リピート客の指名No.1
素晴らしい	→	まさに神!

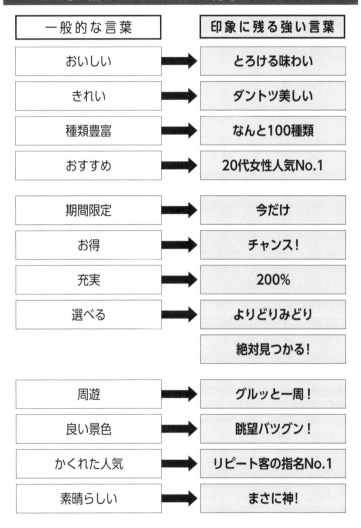

なお、情報を発信するときには、お宝の名前を読みやすいものにすることが重要です。旅行情報を調べるときも同じです。地名や観光スポットの名前が読みにくいと、検索に時間がかかります。そのうちイライラしてきて、「ああ、面倒くさい！」と検索をやめ、読み方がわかる他の観光地へと興味が移ってしまうなんてことも大いにあるのです。

「弟子屈」「美作」「石和温泉」などといった地名。地元の人は読めて当然かもしれませんが、他の土地の人にとってはなかなか難しい。そういう場合は、ひらがなやカタカナ、あるいは読みやすくて覚えやすい略称に変えましょう。

さらに、宝物をより印象づける言葉の工夫が必要です。グルメだったら「おいしい」より「とろける味わい」、「種類が豊富」は「なんと100種類！」というように。料理レポーターやコピーライターになったつもりで、考えてみてください。

焦らず、「ちり積も」戦略でいこう

ここまでの準備が整ったら、あとは一連の作業をコツコツと続けることです。時間と手間はかかるかもしれませんが、お金は大してかかりません。そうやって、訪れてくれる人のことを思いながら丁寧な作業を重ねて磨き上げた宝物の1つ1つは大ヒットとまではいかなくても、宝物が20個くらいあればかなりの集客・集金につながります。

特にマニアは、自分にとっての宝物がそこにあるなら少々遠くても、不便でも、お金がかかっても、何度でも訪れるでしょう。マニアはリピート率が高いのです。

インターネットの世界に「ロングテール」という考え方があります。リアルな店舗では店頭に並ぶのは売れ筋だけですが、売れ筋ではない商品でもアイテム数を幅広く取り揃えること、または対象となる顧客の総数を増やし、リピートしてもらうことで、全体としての売上げを大きくすることです。

B級観光地の戦略もこれと同じ。観光素材それぞれの誘客数がさほど多くなくても、必ず訪れてくれるであろうマニアが喜ぶ素材がたくさん揃っていれば、結果的に結構な収益につながります。ちりも積もれば山となる、名付けて「ちり積も」戦略です。

念のため言っておきますが、マニア受けする素材を「ちりのようなもの」と思っているわけではありませんよ。素材はみな価値あるものです。

B級観光地が陥りやすい間違いとして、NHKの大河ドラマや朝の連続テレビ小説の舞台にしてもらうための招致活動があります。

たしかに、舞台となれば、それこそ多くのファンがやって来ることになるでしょう。ただし、これには落とし穴があります。大河ドラマは1年に1作、朝の連続テレビ小説なら半年に1作です。何年も何年もNHKに陳情に通い、大変な思いをして営業をしても願いが叶う確率はかなり低いといえます。その間の必要経費は少なくありませんし、実現できなければ水の泡ですのでリスクが大きい。

しかも、もし晴れて舞台となったとしても、一時的に押し寄せる観光客をさばくことは限られたキャパシティの中では大変なことですし、ドラマの放送期間が終わったら客足は途絶え、町には破れかけたドラマPRの幟が風にはためいているだけ……。こんな悲しい光景を私はこれまで何度も目にしてきました。みなさんも旅先で、何十年も前の朝ドラの「ロケ地」という看板に出くわしたことが少なからずあるのではないでしょうか?

そんな一時のブームに大金と労力をつぎ込むよりも、ちり積も戦略で焦らずコツコツと集客・集金していくほうが確実です。

私は経営者になってから、この戦略を自分の会社にも置き換えて考えています。100万円を1社からいただく経営よりも100社から1万円をコンスタントにいただく経営のほうがリスクも少なく、結果が出やすいということ。何事も短期間でやったことよりもコツコツと継続するほうが成功する可能性は高いのです。

一時のブームよりも、継続は力なり。マニアなリピーターが増えていき、末長く多くの人が訪れてくれる町になるでしょう。これぞB級観光地の目指すところ、生き延びる道なのです。

ただまれに「どうやっても宝物が見つけられない」「コツコツ積もうにも、積むべき〝ちり〟がない」ということもあります。その場合は正直に言って、「個人向けの観光地」として生きる道をあきらめるほうがいいと思います。

でも、大丈夫。次章では、宝物がなくても集客・集金できる方法についてお話ししましょう。

第3章

どんな町でも集客できる！

コバンザメ戦略、上等！

いくら探しても、自分の町には宝物になるような観光素材がない……。そんなはずはないのですが、観光地としての自信をすっかり失っていると、そう考えたくなるものかもしれません。

大丈夫です。そういうことならば、コバンザメ戦略でいきましょう！　大型のサメやウミガメ、クジラなどにピタッとくっついて移動し、身を守りながらおこぼれを狙うコバンザメの真似をするのです。

コバンザメ戦略は、宝物を持っていない町だけでなく、すぐ近くに競合相手がいて、しかもその相手が強い力を持っているために、いまひとつ誘客力に欠ける町にも有効です。

例を挙げましょう。

京都には、秋は紅葉、春は桜で日本全国のみならず世界から観光客が押し寄せます。紅葉や桜を愛でられる現地はもちろん、その時季は四条や祇園など街の中心地は芋を洗うような状態。それでも「行きたい」と思わせる魅力が京都にはあるのでしょうが、観光客として困るのが「泊まる場所がない」ということです。

そこで、旅行会社や賢い個人客は、大阪に宿を確保するようになりました。京都―大阪間はJR東海道本線で最速28分、東海道新幹線で約14分。レンタカーやバスでも順調に行けば約1時間といったところでしょうか。そのくらいの時間は、京都の紅葉や桜が観られるならまったく問題ないと、多くの人が大阪に流れるようになりました。

ただし、大阪側も京都の観光客誘致を熱心にやった結果、いまや春も秋も大阪のホテルも満室状態に。観光客はまたまた宿にあぶれることになりました。

しかし、京都の隣は大阪だけではありません。滋賀があります。大津なら京都駅まで電車で10分、近江八幡でも約40分。地の利で言えば大阪よりも上、この利点を活かさない手はありません。大津や近江八幡の人たちは、このことにとっくに気づいていると思いますが、多くの観光客は知りません。「うちには泊まれる宿がまだまだありますよ」とアナウンスすれば、大喜びでやってくるでしょう。

滋賀の魅力をPRするのには、まだ来ていない人に対して実施するより、近くに来ている人に対して実施したほうがずっと効率的なはずです。

A級観光地を「利用する」

そこで、余計なお世話だと思いますが、京都近隣エリアの方たち向けのコバンザメ戦略を考えてみました。

第1に「宿泊費を京都よりちょっとだけ安くする」。

通常の半額にする必要はありません。春や秋の京都での宿泊費は高いので、それに比べて（遠い分だけ）少し安ければいいのです。

第2に「京都に桜や紅葉を観に来た人たちの動向を分析して、旅行会社やホテルはそれに応える工夫をする」。

往々にして、ホテルや旅館は「食事を充実させなければ」という固定観念を持っているようですが、この場合、観光客の目当ては京都の桜や紅葉です。しかも、最近はライトアップが人気なので、夜まで現地に留まります。

そうなると、夕食は京都で済ませてくるでしょう。いくら近隣といっても、お腹がすいたらすぐに食事がしたいでしょうし、京都の夜を満喫したいという人もいます。ここはあえて戦うところではありません。

ここは、夕食をつけず、その分、朝食のクオリティを上げるとか、夜遅くに京都から来た人におむすびと温かいお味噌汁程度の夜食を用意するというサービスを考えるのです。

そういった、かゆいところに手が届く心遣い、心配りを人はちゃんと見ています。今の時代、ＳＮＳでも拡散されますし、「来年もここに来ればいいよね！」ということで来年は友人を誘ってきてくれるかもしれません。細やかなもてなしを受け、京都で味わったのとはまた違う感激を味わってくれるでしょう。

第3に「翌日のプランを提案する」。前日の人混みを考えると、また京都に戻ろうという人はそう多くないように思います。そこで、周辺観光を提案するのです。

滋賀には、すぐれた観光素材がたくさんあります。それらは京都に行きたいと思う人たちの好みに、かなり近いのではないでしょうか。聖徳太子に天智天皇、紫式部、織田信長、豊臣秀吉……日本人なら誰でも知っているであろう歴史上の人物ゆかりの神社仏閣がきら星のごとくあり、琵琶湖周辺に点在する古寺や仏像も寺好き、仏像好きの心を刺激してやみません。京都と対抗すると相手があまりに有名なので勝負は厳しいかもしれませんが、すでに来訪している人であれば、十分周遊してくれる可能性はあります。

ホテルを拠点にこれらの観光スポットをめぐるプランを企画して、その情報をフロントや客室で提供する。それを見て「行ってみようかな」と思う観光客は少なくないはずです。

観光客の「足」を用意することも大切です。この時期の観光客の大半を占めるのは公共交通機関利用の人で、観光地間の移動がネックとなる場合が多いので、送迎バスや送迎タクシーをプランに組み込みましょう。

以上のようなプランを作る際には、自分たちの思い込みや押し付けはNG。滋賀、琵琶湖畔には誇れる観光素材がたくさんあったとしても、「京都に桜や紅葉を観に来た人が喜ぶであろうもの」を厳選することが肝心です。

京都の桜や紅葉の混雑は滋賀にとっては「追い風」です。それをうまく利用して、自分たちの町も楽しんでもらいましょう。そこで、かゆい所に手が届くようなもてなしを受ければ、京都目的で来た人たちも「あら、滋賀っていいわね」と思うでしょう。

そうなれば、翌年また桜や紅葉を観に京都に来た際、もしかしたら主目的が逆転するかもしれません。あるいは、その人たちを発信源として「滋賀って案外いいところなのよ」という口コミが広がっていく可能性があります。

「そんなわずかな可能性に懸けるなんて……」と思うでしょうか。しかし、わずかでも可能性があるなら、それを最大限に膨らませてみましょうよ。

外国人でも、リピーターは有名観光地以外の新しいスポット情報を求めています。特に台湾の人などはすでに何度も来ている人が多いので、日本人の我々がびっくりするくらい、有名観光地以外の情報への関心度が高いのですよ。

近隣に「一度にたくさんの人が集まる機会」を見逃すな

全国をざっと見回すと、コバンザメ戦略で成功できそうなところはたくさんあります。すでに成功しているところも含めて、ざっと挙げてみましょう。

コバンザメ戦略のキーワードは、桜&紅葉などの自然系、祭り系のイベント、聖地、アイドルのコンサート。つまり「一度にたくさんの人が集まる機会を見逃すな」ということです。

たとえば、北海道・富良野のラベンダーは6～8月が最盛期。この間、富良野のホテルは連日満室となりますが、考えてみればホテルの中からラベンダー畑が見えるとは限りません。だとすると、富良野から少し離れた、たとえば車で30分ほどの距離に位置する旭川の宿でも構わない、という観光客は少なくないはずです。

日光・中禅寺湖の紅葉は、毎年見事ですが、やはり宿の確保が難しい。しかし、近隣には有数の温泉地があるので、そこに誘客するのも手です。たとえば鬼怒川温泉。日光とは少し距離がありますが、日光への行き帰り途中の観光客を呼び込むのはどうでしょう。中禅寺湖にも温泉はありますが、温泉の規模で言えば鬼怒川温泉のほうが勝ります。ですから胸を張って「日光で紅葉を愛で、鬼怒川で心と体を癒やしませんか」と、日光の紅葉に乗っかるのも一案でしょう。

「隣のもの」は自分のもの

具体的な例を挙げましたが、要は自分の町に宝物がないなら、「近くにチャンスが転がっているかもしれない」という発想を持つことが大事なのです。「隣のもの」は自分のものです。遠慮など必要なしです。近隣の町に人が大勢集まる場所やイベントがないかどうか、調べてみましょう。

全国を見回すと、「隣のもの」を活用できる町があちこちにあることに気づきます。たとえば、岐阜県飛騨市。飛騨市は、2016年8月に公開された映画『君の名は。』に、市内のいくつかの風景が登場したことで話題となりました。

映画の大ヒットによって、飛騨市を訪ねる人が増えていますが、飛騨市の弱点は交通の便にあまり恵まれていないこと。

飛騨市への行き方としては手段がいくつかありますが、岐阜県には空港がないので、個人旅行者の多くは東京、大阪、名古屋などの都市から電車を使います。所要時間は新幹線やローカル線を利用して3～4時間。高速バスを利用しても5時間ほど要します。

しかし、すぐ近くには富山空港があり、そこから飛騨市まではバスや電車を乗り継いでも約1時間半。住んでいるところによっては飛行機で富山空港経由で飛騨に入るという選択肢だってあります。

飛騨市ではそのことに気づいて、公式観光ウェブサイト「飛騨の旅」には飛騨市へのアクセス方法に、「飛行機利用の場合」として富山空港からのルートを紹介しています。

地方では、隣の町や県に対抗意識を燃やして「よその自治体の素材は掲載したくない」というスタンスを取る町が少なくないようですが、それは観光客にはまったく関係のないこと。誘客したいならそういう意識は脇に置いて、まずは観光客ファーストで考えなければいけません。

自分の町に人がたくさん訪ねてきてくれるようになるなら、隣の町や県の施設を紹介したところで、何の損もないはずです。

飛騨市の場合、これまで旅行者の多くは「飛行機で行く」という選択肢があることを知らなかったと思います。しかし今は、飛騨市の公式観光サイト上で富山空港からのアクセス方法が紹介されているので、旅行者は自分のスケジュールや懐具合と相談しながら、より便利で快適な旅を多くの選択肢から楽しめるようになりました。

飛騨市の戦略は賢明です。

四国には4県に4つの空港がありますが、場所によっては必ずしもその県の空港を使わないほうが近い場合もあります。たとえば「だるま夕日」で有名な高知県の宿毛市などは高知空港よりも松山空港を利用したほうが早い場合もあるので、両方からの行き方を紹介するのが親切といえるでしょう。

ラグビー合宿の聖地・菅平は常に独り勝ち

観光素材に乏しい町の生きる道としては、団体客や法人を誘致するという考え方もあります。

団体客を誘致し、成功しているのが長野県・菅平高原です。菅平高原は、国内有数の「ラグビー合宿の聖地」。日本全国のラグビー名門校がここで合宿をし、練習試合を行っています。名門校が集まれば中堅校もそれに続き、さらには、それら強豪校の胸を借りて練習試合をしたい学校まで菅平を目指すように。今では毎年、小中学校から大学、社会人に至るまで800を超えるラグビーチームが合宿を行っています。

ラグビーチームがありがたいのは、まとまった団体だということです。ラグビーは1チーム15人。補欠メンバーやサポートスタッフを入れれば、1団体（1校）につき、それよりはるかに多い人数が集まります。しかも合宿ですから、滞在が前提。どこのチームも長期間滞在し、その間の宿代、食事代、生活用品代、お土産代なども地元に落ちることになります。

さらにラグビー雑誌などマスコミの記者や、ラグビーファンも見学に訪れます。合宿見学や練習試合を観戦するために、ときには全国から多くのファンが詰めかけることがあり、その経済効果は絶大です。

菅平が素晴らしかったのは、野球でもサッカーでもなく、マイナースポーツであり、合宿地として競合相手の少ないラグビーに目を付けたところです。２０１５年のワールドカップで、日本が優勝候補である南アフリカを破るという歴史的快挙によってラグビー人気が高まりましたが、日本では長年、ラグビーはマイナーなスポーツでした。菅平はその不遇な時代をずっと支えてきたのです。

たくさんのチームが集まる菅平の場合、毎日のように違う学校と練習試合ができることも利点となります。

２０１９年のラグビーワールドカップは日本開催です。今後ますます、菅平を訪れる報道関係者やファンの数も増えていくことでしょう。菅平は、今後も「ラグビー合宿の聖地」としてさらに栄えていくに違いありません。

そう聞くと、「では、我が町も」とラグビー合宿を誘致したくなりますね。実際、2019年のワールドカップに向けて、日本ラグビー協会は大会期間中に海外のナショナルチームが滞在するキャンプ地を募集し、あちこちの町が「我こそは」と名乗り出ています。

ただ、盛り上がっているところに横槍を入れるようですが、海外のナショナルチームが滞在するのは2019年、たった1年。しかも、ワールドカップ開催の少し前からの数週間程度です。そこに多額の予算を注ぐよりは、菅平が何十年と地道にやってきたように、毎年変わらず日本国内の学生や社会人チームが継続的に来てもらえるコンテンツを見つけ、育てていくほうが町のためではないでしょうか。

これはラグビーに限らず、他のスポーツにも言えることです。

今、2020年東京オリンピック・パラリンピックに向け、海外チームの合宿誘致で各地が過熱していますが、そこで誘致に成功したとしても、2020年、ただ一度きりのこと。2002年の日韓ワールドカップで各国のサッカーチームを誘致した地方自治体が、受け入れのために造った施設をいまや負の遺産として維持に苦労していることはよく報道されていることです。

一度にドンと派手に打ち上がり、一瞬のうちに消えてしまう大輪の花火よりも、20〜30年間しみじみと燃え続ける焚き火の道を選ぶべきだ、というのが私の考えです。

目指せ、「マイナースポーツの里」

きちんと理論的に進めれば、一般観光客ではなくスポーツ合宿の誘致も、自治体にとって、「おいしい」コンテンツであることは間違いありません。

では、焚き火の道を歩むためには、どうすればいいのか？

私がおすすめしたいのは「マイナースポーツの合宿を誘致する」こと。菅平も、当時はマイナースポーツのラグビーを選んだからこそ「聖地」になれたのですから。

メジャースポーツは日本国内では野球やサッカーで、すでに沖縄や宮崎でキャンプをすることが定番になっています。これを今から覆すには大変な労力を伴いますし、強い相手とは戦わないことが疲弊しないための重要な戦略のひとつです。

そこで、マイナースポーツです。

誘致するにしても競合が多いわけではないですし、それほど好条件の競り合いもありませんので、コストもかからず、地道に育てていくことができるのではないでしょうか？

大河ドラマの誘致のように地元紙の一面を飾るような大きな話題になるものではありませんが、会社でも自治体でも一朝一夕でできることはすぐ他に真似されてしまいます。10年単位で少しずつ成果を積み上げていくことこそ、取るべき戦略だと思います。

2020年のオリンピックでは新しい種目が数多く設定されていますね。スケートボード、スポーツクライミングなど今はマイナーでも、これからメジャーになっていく種目のように思います。また、さらにマイナースポーツを調べ、探してみる楽しさもあります。

これからの狙い目は、高齢者スポーツ

マイナースポーツ誘致について、このところ私が注目しているのは高齢者スポーツです。高齢者といっても、今はみなさん元気。時間がたっぷりあります。そうした人たちが全国から集まる「高齢者スポーツの聖地」となることを目指すのです。

高齢者スポーツの場合、合宿が行われることはないと思いますが、年に1回全国大会、半年に1回地区大会などを催せばそのたびに愛好者が集まります。そうなれば、地元が高齢者スポーツの里、いえ、聖地となれるはずです。

そもそもマイナースポーツ、高齢者スポーツの聖地になろうとは誰も考えていません。

つまりブルーオーシャン（競争相手のいない未開拓の市場）で戦うことになるので、聖地になれる可能性も高いのです。

高齢者スポーツの聖地になるメリットは、何よりもまず「平日対策になる」ということ、そして競技の後のマッサージや懇親会、栄養補給などいろいろな付帯サービスを用意することで観光消費を上げることができることです。

地方には箱モノが目立ち、平日には使われることなくガラガラの状態になっている体育館なども多く見受けられます。その点、リタイアした高齢者に曜日は関係ないので、平日にそこを使ってくれる。こんないいことはありません。

第1章でご紹介した、山形県庄内観光コンベンション協会で、法人誘致戦略を立てたときのことです。私は、マイナースポーツ、それも庄内は体育館が多数あるので、室内スポーツで集客できるのではないかと考えました。

そこでまず、日本で行われているマイナースポーツにはどんなものがあるのか調べました。名前を聞いたこともないようなものもたくさんあって、びっくりしました。その中から「高齢愛好者の比率が高いもの」、庄内は冬が長くて、外でスポーツができる季節は限られるので「室内でできるもの」……というふうに絞り込んでいきました。

いくつかに絞れたところで、次はそれぞれを細かく分析し、庄内で行う意味、他地域との競争力、収益性、リピート性を点数化。その結果、総合点が一番高くなったのがラージボール卓球でした。

ラージボール卓球は、1988年に始まった新しいスポーツです。通常の卓球ボール（硬式。40ミリ）よりも大きく（44ミリ）、スピードも出ず、回転数が少ないため、ラリーも長く続くので初心者でも高齢者でもすぐに楽しめるのが特徴です。

ラージボール卓球の聖地になるには、何よりも地元に愛好者が増えることが重要です。ラージボール卓球のプレーヤーは高齢者が多く、大会は平日の開催でもほとんどの参加者は問題ないはずです。

競技には体育館と卓球台があればよく、ラージボール卓球愛好者は格好のターゲットに思えます。「体育館があるぞ」という町は、一度、マイナースポーツ、高齢者スポーツの誘致を考えてみてはいかがでしょう。

なお、高齢者スポーツで集客しようとするときに、使ってはいけない言葉があります。それは「シニア」「熟年」「シルバー」の3つ。今の高齢者は、自分のことを「老人」だとは思っていないので、この3つの言葉を嫌うのです。逆に、「マスターズ」「プレミアム」という言葉には弱いといえます。

ツアー企画にしても、かつては「フルムーン」が流行りましたが、今はそんなことを言ったら人は集まりません。でも、「大人の旅」ならＯＫ。「フルムーンチケット」といって、夫婦２人の年齢の合計が88歳以上になると、お得になるチケットもまだ売られていますが、２人で88歳以上の設定というと、若いところでは40代半ばの夫婦。この企画が誕生した１９８０年代とは違い、現代ではまさに子育て真っ最中の世代です。夫婦２人でゆっくり旅行するのはもう10年くらい後でしょうから、チケットが使える年齢や名称も再考が必要かと思います。

時代とともに言葉遣いひとつで明暗が分かれますので、ご注意を！

菅平と同様、同じ長野県のスキー場である志賀高原は小学生の夏期講習を誘致してオフ期である夏季シーズンを乗り切っています。いろいろな進学塾に対して、ホテルの宴会場や体育館を貸し出し、涼しい高原地帯で1万人規模で何泊もするのですからその経済効果は大きなものになります。

塾によって宿泊施設を貸し切って行われており、実は私の娘もこれに参加したのですが、勉強やちょっとしたアクティビティによる息抜き、夜のキャンプファイアなど学校が実施するかのような林間学校のメニュー設定に感心し、スキー場としてのオフ期である夏の集客・消費対策に、素晴らしい戦略だと感じた次第です。

第4章

観光客の財布のヒモをゆるめる方法

観光消費額を増やすには

すでに述べましたが、観光に悩む多くの町では「集金」という観点が抜けています。その結果、「トイレを使うだけの観光客」ばかりになっている例が少なくありません。

消費者の立場で考えてみましょう。「無駄なお金は一銭も使いたくない」という人もいるとは思います。でも、どこかに出かけて素晴らしい景色に出会ったら「お茶でも飲みながら、ゆっくり眺めていたい」、その土地のおいしいものを食べたら「友達にも買って帰りたい」と思いませんか？

そうやって、お金を使うことも旅の楽しみの1つです。観光客もお金を落としたがっているのです。

自分たちの町の宝物を見つけたら、それを観光消費につなげ、よりお金を使ってもらう、つまり観光客にお金を落としてもらう仕組みを作ることが重要です。

観光消費額を増やすには、

①観光客1人当たりの消費額を増やす

②観光客の数を増やす

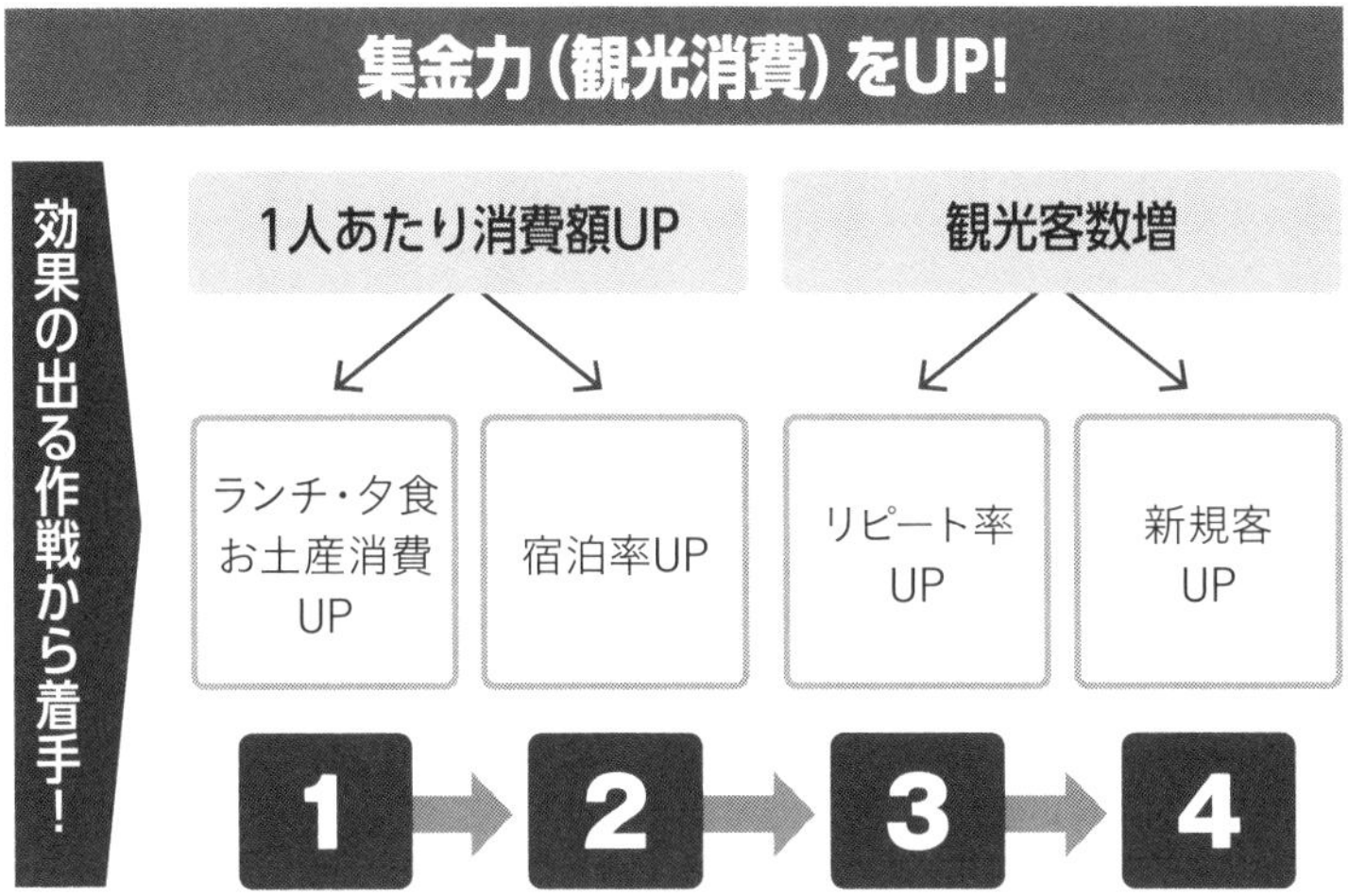

の2つの道があります。

全国を歩いてみると、後者ばかりに躍起になっているところが目立ちます。訪れる数が増えれば、それだけ消費も増えるという論理なのでしょう。

しかし、ターゲットやコンテンツを決めずにいきなり客数を増やそうというのは無理があります。来た人がお金を落としたくなる理由を用意しないまま、ただ人を呼び込むだけでは結局、トイレだけの客を増やすことになりかねません。

したがって、順序としては前者、つまりすでに来ている（来ようとしている）観光客の消費額を増やすことが先なのです。

1キロ1000円の牡蠣を5000円にする方法

1人当たりの観光消費額を上げる戦略としては、①「地元で食事をしてもらう」「お土産を買ってもらう」、そして、できれば②「宿泊してもらう」の2段階があります。

ここでも、焦って②から始めてはいけません。まずは①から。ランチを充実させ、できれば日暮れまでゆっくり滞在してもらう。それができれば、②につなげることはそう難しくはありません。

では、まず①について、例を挙げながらお話ししていきましょう。

三重県鳥羽市では今、「海女小屋」が観光客に人気です。伊勢志摩の海女さんが海に潜って獲った魚介類を、海女さん本人の話を聞きながら食べられるお店（海女小屋）がいくつかあり、いつも観光客でにぎわっていて、外国人も多く訪れています。

伊勢志摩を訪れる客の目的の1つは、獲れたての新鮮な魚介を堪能すること。それを普通にレストランで食べるだけでも大満足でしょう。しかしそこに、牡蠣や伊勢海老を獲ってきてくれた海女さん自らが焼いてくれ、海女さんと話ができるというメニューがあれば、もっとうれしい。そうしたニーズに応え、ただ新鮮な魚介類を提供するだけでなく「海女小屋体験」という価値を付加したのです。付加価値があれば当然、1食の単価を上げることができます。

　鳥羽市辺りでは、牡蠣は1キロ1000〜2000円程度。しかし、「海女小屋体験込み」となればその5〜6倍の値段でも、観光客は喜んで財布のヒモをゆるめてくれます。今は体験型の旅が人気です。海女小屋の人たちは、そこに目を付けたのですね。

　海女小屋では、観光客が焼きたてのアツアツぷりぷりの牡蠣を頬張りながら、

「何分くらい潜っていられるんですか？」

「どうすれば、海女さんになれるんですか？」

「今も海女装束で潜るんですか？」

と、興味津々で海女さんに質問します。海女さんたちはそれに答えていきますが、彼女たちは「海女さんである」ということを除けば、地元の普通のお母さんたちです。それでも、あちこちで笑い声が上がります。「楽しい」という調味料も加わって、観光客たちは牡蠣を「おいしい、おいしい」と絶賛します。そんな頃合で、海女さんたちが観光客にこう言うのです。

「おいしいでしょう。どうですか？　獲れたての伊勢海老もありますよ」

　すると観光客は、「あ、食べたい！」と迷わず伊勢海老を注文します。グループ客なら

集団心理というのでしょうか、我も我もと注文し始めるでしょう。そこでさらに、海女さんはこう言います。

「2016年のサミットでも振る舞われた、おいしい日本酒もありますよ」

観光客も、そう言われるとついお酒も頼んでしまい、気がついたら5000円也。

通常、ランチで5000円も使うことなど、ほとんどないでしょう。しかし、観光客は新鮮な牡蠣のおいしさと、海女さんたちによる海女さんならではの話に大満足。その代金として、5000円は決して高くはないのです。

お役御免のレールが富を生む

海女小屋は、もともと地元にある「新鮮な魚介」と「海女」を組み合わせて観光消費額アップに見事成功しました。同じように今、すでに「あるもの」を活かす作戦で地元に観光客が集まり、集金にも成功している例があります。

2006年に廃線となった旧神岡鉄道（岐阜県飛騨市神岡町）の線路の上を自転車で走る「レールマウンテンバイク ガッタンゴー」です。

これはガイドローラーの着いたメタルフレームにマウンテンバイク2台を固定し、レールの上を走れるように作られたものです。「奥飛騨の景色を楽しめる」「レールの上を走れる」という他にはない魅力が話題となり、またたく間に人気アクティビティになりました。

２０１４年には当時、地方創生担当大臣だった石破茂氏が絶賛。それにより人気に拍車がかかりました。

ご承知の通り、利用者が減って赤字ばかりが膨らんだ鉄道（路線）が廃止となるわけです。そして、その多くはレールを撤去する予算もつかず草がぼうぼうと生い茂った状態のまま残っています。鉄道ファンの中には、廃止となった路線を訪れることを趣味とする「廃線鉄」という人たちがいますが、その人たちが地元にたくさんのお金を落としてくれるかといえば、正直なところあまり期待できません。

神岡鉄道の地元では、レールや駅を町のシンボルとして残そうと有志がアイデアを結集。廃線を鉄道資産としてそのままの形で残し、地元民だけでなく、よその人たちにも楽しんでもらえるものをと考えました。

その試行錯誤の末に生まれたのが「レールマウンテンバイク」でした。０円の廃線を、お金を生む観光素材に生まれ変わらせたのです。

設備投資も、既存のレールに自転車を乗せるだけなので、自転車やフレームの改造費用程度と格安ですみ、人力（足で漕ぐだけ）で進むので電気代などのランニングコストもかかりません。

「ガッタンゴー」が素晴らしいのは、作っただけで終わっていないところです。2人乗りだけでなく5人乗り、タンデム自転車を利用した4人乗り、チャイルドカーや車椅子、トロッコでも走れるような車両を次々と開発。チャイルドシートやペットケージなどのオプションメニューも用意するなど、利用者のさまざまなニーズに応えるべく日々バージョンアップしているので、客足が途絶えることはありません。もちろんオプションは有料でまったく問題ありません。

自転車を漕いで心地いい疲れを覚えた人たちは、お腹がすきます。人間、そう長い時間は空腹を抱えたままでいられません。とにかく「何か食べよう」と、神岡町内（飛騨市内）の飲食店に向かうでしょう。つまり、「ガッタンゴー」によって街なかにも、観光客が自然とお金を落とす仕組みができたというわけです。

うさぎで世界から客を呼んだ島

お役御免どころか、厄介者が一転して地元に福をもたらす存在になった例もあります。

2017年、私は広島県竹原市から観光消費拡大コンサルタント業務を任されることになりました。仕事を請け負うにあたって、私が目を付けたのは市の忠海港から船で約15分のところに浮かぶ大久野島でした。

周囲4kmのこの小島は、かつて毒ガス工場があったことから「地図から消された島」と呼ばれていましたが、現在は約700羽ものうさぎが生息する「うさぎ島」として知られています。地元の小学校で飼われていたうさぎを島に放した結果、繁殖してしまったとのことで（諸説あり）、もちろん観賞用に飼育しているわけではありません。

特に2014年、うさぎの群れが女性に殺到している動画が話題を呼んで以降、SNSの普及とともに、国内のみならず海外からもうさぎ好きが訪れるようになりました。大久野島を訪れる人は、年間30万人。そのうちの約2万人が海外から訪れる観光客です。

観光素材としては、古い町並みも魅力的だとは私も思いました。しかし、竹原市の古い町並みや古民家がいくら素晴らしいといっても、知名度では岡山県の倉敷や山口県の萩のほうがあるかもしれません。古い町並みだけでは県外、海外からの集客は望めません。

一方、大久野島は「うさぎの島」として世界的にも唯一無二の存在です。うさぎが生き続けているかぎり、訪れる人は絶えないでしょう。

「0から1を」ではなく、まずは「1を1・1にする」のが私が手をつける順番です。新たな観光客を獲得しようとするより、すでに集まってきているうさぎ目当ての観光客に、いかに多くのお金を落としてもらうかを考えるほうがずっと簡単で、効率的だと考えました。

年間30万もの人が島を訪れていましたが、うさぎ目当ての観光客は市内でランチも食べず、お土産も買いません。調べたところ1人当たりの観光消費額は、わずか400円。それは、ペットボトルのお茶や水とうさぎの餌2袋分といった程度の金額でした。

竹原市の観光消費拡大戦略の最も成功しやすい方法として、いま来訪している「うさぎを見に来ている人たち」に対してうさぎ関連の消費を促す「うさぎ島戦略」を進めることになりました。

そこで、まずは大久野島を訪れる人たちに聞き取り調査を行ったところ、彼らは大好きなうさぎを見て、写真を撮り、それをSNSに投稿したら大満足で、その後、島から戻っても竹原市にはとどまらずに出て行ってしまうことがわかりました。外国人観光客たちはそのまま、原爆ドームのある広島市、あるいは京都へ行ってしまうのです。

「うさぎ好き」をなんとか竹原市内にとどめてお金を落としてもらい、さらには宿泊につなげる方法はないか？

私は、徹底的に「うさぎ」にこだわることにしました。ランチ・お土産・SNS向けの写真撮影・宿泊などにうさぎを絡めて、経済効果を上げる。大久野島へ渡る忠海港近くにある商店街の飲食店や菓子店には、うさぎにちなんだメニューを考えてもらい、できればうさぎをかたどった盛り付けにしてもらう。さらに、商店街全体として「客が訪れ、歩き回りたくなるように」、店先を整理してきれいにしてもらう……。

こうしたことを、市の担当者と一緒に、商店街の店を1軒1軒訪ねて説明し、協力を求めて回りました。

もっとも最初のうちは、こうした話を持ちかけても耳を貸してくれる人はほとんどいませんでした。元気を失っている観光地や商店街にはよくあることですが、「何をやっても、どうせダメだよ」「こんなところに来る人なんて、いるわけない」というあきらめムードが蔓延していて、みなさん、二言目には「無理、無理」。第一、大久野島に行ったことがない人もいたほどで、「なんでうさぎなの？」という反応が返ってきたほどです。

そんななか、「竹原市が盛り上がるなら」と、私と竹原市の指摘や提案をすべて受け入れてくれた和菓子屋さんがありました。そこでは、うさぎの焼印を押したかわいい焼き菓子を新たに作り、観光客が入りやすいように店内外を整理。商品ＰＯＰには購買意欲をかき立てるようなキャッチコピーを記載、パッケージのデザインも一新しました。

そうやって「前例」ができたことで、「じゃあ、うちもやってもいいかな」と協力してくれる店舗が1軒、また1軒。最終的には16軒のうさぎランチ＆カフェメニューを揃えていただくことができました。

宿泊対策としては、すでにカープファンのための「カープルーム」を設けるなどトレンドを意識したサービスを提供している「グリーンスカイホテル竹原」で、うさぎグッズに囲まれた「うさぎルーム」を展開することにしました。ホテルの女性スタッフや総支配人にご協力いただき、かわいいうさぎグッズもあちこちから調達していただきました。

こうした観光情報を「うさぎ好き」に届け、竹原市に誘導できるように、大久野島や忠海港に案内を掲示したり、宿泊施設の予約サイトにも掲載。また、竹原市から公式のプレスリリースとして発信したところ、「うさぎ尽くし」が取り上げやすいコンテンツだったこともあって各メディアで話題となり、掲載件数は計116件、広告換算値にして1000万円を超えるほど注目が集まりました。にもかかわらず、プレスリリースは一般的なPRサイトを利用したので費用はわずか6万円ほど。150倍を超える効果が出たのです。

それ以降、うさぎ島に来た女性客が街なかのうさぎランチをめぐってSNSで投稿し、ホテルの「うさぎルーム」にも続々と予約が入るようになりました。そのにぎわいぶりをテレビ局が取材に訪れると、それを見た人がまた竹原市を訪れ……と好循環が生まれるようになりました。

一部では害獣と思われていたうさぎが、竹原市にとってまさに「福の神」になったのです。

竹原市の商店街で誕生した、かわいい「うさぎメニュー」

「○○めぐり」で時間を稼ぐ

このように、観光客に地元でランチや夕食を食べてもらうためには、観光客に一定時間滞在していただく必要があります。また、人間はだいたい3～4時間もすればお腹がすいてきますので、体を動かすアトラクションがなかったとしても、その時間分、地元にとどまってもらう工夫をすればいいのです。

たとえば、桜の名所として、山里に名木があちこちに点在していて、桜めぐりが楽しめる土地も少なくありません。

マイカーやレンタカーで訪れる人たちは自由に動き回れますが、問題は最寄りの駅からバスやタクシーを使って訪れる人たちです。駅から最初の目的地まではバスやタクシーで行くことができても、そこから次の桜までの足がない。その不便さから、特に年配の観光客は桜めぐりをあきらめて帰ってしまう。したがって、滞在時間はせいぜい1カ所で1時間といったところでしょうか。

ここで観光客の足をつなぎ留めるためにすべきことは、タクシーサービスの充実です。地元のタクシー会社と手を結んで、駅から乗ったタクシーで桜めぐりができるプランを用意するのです。

第2章でもご紹介した、私がコンサルティングの依頼を受けた愛媛県内子町の例です。

内子町には、おもな桜スポットが12カ所あります。川沿いに続く桜並木、山里に佇む1本桜、田園風景を彩る枝垂れ桜など、桜の種類も佇まいもさまざま。内子町では以前から、桜は春の観光の目玉でした。

しかし、桜の木の多くが自然の中にあるのでお金が落ちない。「我々の誇りである桜を見に来てもらえるのはうれしい。でも……」というのが内子町の悩みでした。

内子の桜めぐりにはマイカーで訪れる人もいますが、電車を利用して訪れる観光客にじっくり桜を楽しんでもらうにはどうすればいいか。そして、できればランチを食べたり、お土産を買っていってもらいたい……。そこでまず、地元のタクシー会社に頼んで、桜めぐりができるプランを作ってもらうことにしました。

どの桜がどこにあるのか、それはどんな桜なのかといった詳しい桜情報とともに、どこを曲がったらお目当ての桜に到達するかなどのルート案内も入れた「桜めぐりMAP」を作成。それをもとに、桜距離情報を記載した料金表も考えてもらいました。

全国的にも「郷之谷川のシダレザクラ」「尾首の池の桜」「世善桜」など個別の桜に固有名詞をつけ、そこに行くためのタクシー料金まで掲載している自治体は少ないと思います。

さらには、町内で消費を増やすためには自宅からおにぎりやお弁当を持ってこないでいただく作戦が必須です。そこで、ウェブサイトには桜と同じページに「道の駅　小田の郷せせらぎでのたらいうどん情報」、テイクアウトを好む方向けには「内子フレッシュパーク　からり」でのハンバーガーやおいしい菓子パンの情報を掲載し、現地でも食事する場所があること、テイクアウトできる店があることを告知しました。

そして、ここからが肝心です。

「ターゲットは誰か？」という問題です。たしかに内子の桜はそれぞれ見事なものですが、東京から飛行機に乗って松山空港に来て、さらに特急を乗り継いでまで来るとは思えません。観光戦略は激戦区で戦わないことも大切なポイントであり、桜は全国にすごいライバルがいる超激戦区商材でもあります。ここで負けない戦いをするためには、徹底的にエリアを絞ることです。

全国では競合に埋もれてしまっても、愛媛県の中では有数の素材です。つまり、愛媛県内の花見客を誘致すればよいのです。

そこでいつものリスティング広告の登場なのですが、3月に入ると「花見　桜」「お花見」といった検索は急上昇します。これを全国展開するとあっという間に広告費がなくなってしまいますので、愛媛県内で検索した人にだけ表示させるようにしました。

リスティング広告はエリアを限定して、表示させることができるのです。

全国から愛媛県だけに絞ると当然検索数も表示回数も少なくなりますが、近所の人だけに告知するので「成約率」（この場合は内子に花見に来る確率）は格段に高くなります。

ウェブサイトへのアクセス数を増やすためにやっているわけではないので、検索数も表示回数も関係なく、花見客が増え、かつその方々の町内での消費が拡大すればよいのです。

桜は道の途中にあるものもあるので、正確な数はカウントできませんでしたが、内子町の調査によると桜の時季には町内の駐車場の利用台数がこの対策を行う前の年の２・５倍にも増えました。そしてそれが、地元の飲食店の売り上げアップにもつながったのです。

費用をかけなければ大きな失敗はありません。激戦区の商材を選んだ場合はエリアを限定し、ターゲットを絞ればよいのです。

このように、今そこにあるものをよく考えてターゲットを明確にして告知すると、来訪者も消費も増えます。桜だけではなく、「そば」でも「滝」でも「仏像」でもいいのです。みなさんの町でできる「〇〇めぐり」を考えてみてください。

お土産戦略はまず「道の駅」から

さて、次はお土産問題です。お土産の購入額をアップさせる方法はいくつか考えられますが、最も効果的なのは「道の駅」を充実させることです。

公共機関を使って訪れる観光客は荷物になるのを嫌うので、それほど期待できません。お土産をたくさん買ってくれるのはマイカー客です。車が運んでくれるので、少々かさばるもの、重いものでも気にせず買えるからです。

１９９３年、全国１０３か所で始まった道の駅は、２０１７年11月には、１１３４駅と10倍以上に増えました。

当初、道の駅は「ドライブ中のトイレ休憩に立ち寄るところ」というイメージが強かったのですが、最近ではわざわざ目指して行く人が増えています。道の駅は今、マイカー客が「お金を落としたがっている場所」なのです。

道の駅を目指す観光客が求めているのは、地元ならではの食事、農産物・水産物を含めた物産品。そうしたニーズに応えるべくさまざまな工夫をした人気駅もあります。しかし残念ながら、伸び悩んでいる駅も少なくありません。

食事のメニューや物産品のラインナップもそこそこなのに、観光客はトイレを使っただけで出て行ってしまう。ならばと、食事やお土産の価格を下げてみるも状況はあまり変わらない。

それは、観光客が食べたいもの、買いたいものが「ない」といった単純な理由ももちろんありますが、そもそも駅のPRがまったくできていないという理由が挙げられます。道路を走っていても、現地に行くまで看板らしい看板がほとんどない、という道の駅が結構あるのです。

他の道の駅にはない自分たちの特色を明確に打ち出すこと。それが車で走っている人でもひと目でパッとわかるような看板を駅の3キロ、1キロ、500メートル手前に立てること。段階的に、畳み掛けるように看板が出ていると、それを見て観光客の気持ちもだんだん乗ってきます。「ちょっと寄っていこうか」ということになるのです。閑古鳥が鳴いている道の駅を抱えた自治体のみなさんはまず、ここから始めてください。

さらに大切なのは、ウェブサイトやSNSを使っての発信です。現状、道の駅の多くが独自のウェブサイトを持っていなかったり、あっても、建物の外観や内観の写真をアップしているだけ。「そこで何が食べられるのか、何を買えるのか、何ができるのか」という詳しい情報がわかるものは少ないのです。

先日、三重県紀宝町にある道の駅「紀宝町ウミガメ公園」を訪ねました。紀宝町は那智勝浦町の北、熊野灘に面したところにあり、ウミガメが産卵にやって来ることで知られています。「紀宝町ウミガメ公園」は建物も老朽化しておらず、設備も整っている。にもかかわらず、売り上げが芳しくない。

まずは観光客のニーズを探ろうと、2日間、そこを訪れる観光客に「なぜ、ここに立ち寄ったのか」という調査を行いました。結果は、目玉である「ウミガメを見に来た」が約4割、それ以外は「トイレに立ち寄った」などの回答でした。

「あちらにウミガメふれあいパークがあることをご存知ですか？」と聞くと、中には、「本物のウミガメがいるの？」と驚く人もいました。

道の駅の中での導線がわかりにくかったのでしょう。

この道の駅には「ウミガメふれあいパーク」が併設されていて、ウミガメと触れ合うことが可能なのです。そんな、素晴らしいキラーコンテンツを長年、活かし切れていなかった。なんともったいないことでしょう。

小さい頃から毎年、産卵にやって来るウミガメを見てきた人にとっては、ウミガメはそうめずらしくもない生き物かもしれませんが、ウミガメと一緒に写真が撮れて、餌やりができるということであれば、遠方から「わざわざやって来る人」も少なくないかもしれません。

そうして、ウミガメと触れ合えれば、当然、道の駅での滞在時間も長くなるはずです。そのうちに喉がかわき、お腹もすくでしょう。車で来ているので、魅力的な物産品があればためらうことなく買って帰るに違いありません。

そこでアドバイスしたのは、当然ながら「とにかくウミガメを前面に出すこと」でした。道の駅の駐車場に「ウミガメはこちら」とウミガメの絵が描かれた看板を立てる、道の駅内にも、ウミガメの泳いでいる水槽まで誘導する案内板を立てる、ウミガメと一緒の写真を自撮りできるスペースを設ける。

餌やりについては、ウミガメの場合はそのタイミングが難しく、時間も限られているとのことでしたが、その希少性がかえってウミガメファンの心に火をつけるかもしれません。餌やりの時間や希少性を道の駅内はもちろん、ウエブサイトやSNSなどで告知すべきとお話ししました。

いまひとつ売り上げが伸びないとお悩みの道の駅の関係者のみなさんは、訪れる人に「なぜ来たのか」「何がしたいのか」を聞いてみてください。自分たちが気づかなかった、それほど価値があるとは思っていなかったものが、実はキラーコンテンツだったということがあるかもしれません。

そして、立ち寄ってくれた人をより楽しませるためにも、地元自慢の農産物、物産品をどどんと揃えましょう。

日本人は「旬」や「期間限定」に弱いもの。いいえ、外国人だって同じです。旬の食べ物や物産品、それらに関連するイベントなどを予定しているなら、必ず事前に告知しましょう。細かいことですが、こうして的確な情報を丁寧に発信し続ければ、おのずと道の駅に訪れる人が増え、そこで落とすお金も大きくなっていきます。

道の駅で販売されているものは地元の生産者が作っていることが多いので、利益は地元にきちんと還元されます。

観光客を増やし、消費を拡大するのに「これをすれば激増する！」といった魔法のような方法はありません。地域が活性化するには一時的ではなく、継続的な取り組みが必要であることは先に述べた通りです。

当たり前のことですが、どうやって楽しんでいただくかのストーリーを準備し、それを観光客が旅行を検討するときを見計らって情報を発信し、滞在時間を延ばしてもらい、ランチ、お土産、夕食、宿泊につなげていく、この繰り返しを地道に行うことです。

マーケティング調査と称してアンケートだけ行う、戦略を立案してもその後実行しない……といったケースも多いのではないでしょうか。

アンケートは事前にターゲットを決め、仮説を立案してからそれを検証するために実行するもの。アンケートの結果、どう動けばいいのかを考えずに実施しても、それは費用と時間の無駄です。正しい方法できちんと実行し、検証し、改善を継続すれば必ず効果は表れます。

宿泊客の消費は日帰り客の４人分以上

食事とお土産で消費額を上げることができたら、次の課題は「宿泊率のアップ」です。同じ観光客数でも、日帰りと宿泊とでは観光収入が大きく異なります。東北地方での観光収入を日帰り客と宿泊客とで比較してみると、一番差が小さい青森県でも宿泊客の単価は日帰り客のそれの３・７倍、最も大きい宮城県では５・８倍（２０１５〜16年度各県観光統計資料による）です。

つまり、宿泊費の消費は日帰り客の約４人分か、それ以上に相当します。私が「観光客数を増やすことよりも、日帰り客の宿泊率アップを目指したほうがいい」と主張する理由はここにあります。

では、観光客に泊まってもらうためには何を用意すべきか。１つ目は、夜の名物を作ることです。夜でなければ見られない、体験できないことを用意するのです。

夜ならではのものの筆頭は、夜景やライトアップです。光と闇のコントラストの美しさに惹かれ、全国の夜景スポットをめぐる人もいるようです。

夜景を心ゆくまで眺めていたい、いつまでもその余韻に浸っていたい。時間を気にせず夜景を堪能したい。その気持ちが宿泊につながるのです。

日本は比較的、起伏に富んだ地形をしているため、街を見下ろせる丘や山が多く存在します。函館や神戸にはかなわないまでも、美しい夜景が眺められる場所は探せば意外とあります。逆に、そこまで人が集まらないことがかえって「静かに見られた」と好評を得るかもしれません。

ライトアップやイルミネーションも、夜景と同じと考えていいでしょう。ライトアップできそうな城、建物、樹木などはありませんか？　少しでも可能性を感じたら夜景をきっちり撮影し、その画像を観光ウェブサイトに掲載したり、ＳＮＳ上で常に発信し続けることです。

夜の人気コンテンツとしては、他にホタル観賞や星空観賞、そして今、人気急上昇中のものに工場夜景があります。

工場夜景としては、北海道室蘭市、神奈川県川崎市、静岡県富士市、三重県四日市市などなど、いまやあちこちで楽しめますが、少し前までは組織として観光客用の対策を実行しているところなどありませんでした。ナイトクルーズ、バスツアーも含めた宿泊プランなら、現地から少し離れた町でも誘客できるでしょう。「人のふんどしで宿泊客をとる術」を大いに使ってください。

私は子どもの頃から長年川崎市に住んで、小学生のときなどは工場地帯の影響で光化学スモッグが発生し、大好きなプールが中止になったりしていたので工場地帯はあまりうれしいものではありませんでした。それがまさか「工場夜景」という切り口を得ることで、地元への経済効果をもたらすものになるとはまったく思いもしませんでした。

マラソン大会のスタートを昼の12時にしてはいけない

宿泊客を増やすためにはもう1つ、朝の名物をアピールする、あるいは作るという方法もあります。朝を楽しむためには、観光客はいやでも前泊する必要があるからです。

朝しか見られない、あるいは朝が美しいものとしては、雲海やご来光、朝霧、川霧など。なかでも雲海は、北海道・星野リゾートトマムが「雲海テラス」を設置し、周辺の山々を越えて流れ込む雲海を楽しめるサービスを始め、その美しい画像をPRしたことをきっかけに、人気に火がつきました。

しかし、トマムまで行かなくても、雲海や日の出や朝霧は全国あちこちで見ることができる現象です。テラスを設置することができなくても、見やすい場所や季節、時間帯を知らせることはできますよね？　その近くの宿泊施設や、見た後に朝食を食べられる場所を事前に紹介することによって観光消費を増やしていくことは可能です。できることから少しずつ着手し、スモールサクセスを積み重ねることが大きな効果への第一歩なのです。

他には、マラソンや自転車などのイベントも宿泊客を増やす絶好のチャンスです。マラソンも自転車もブームは続いていて、いずれのイベントも千客万来。しかもリピート率が高いので、集客方法としてかなり優秀です。

マラソンも自転車も、ずっと走っているだけなので地元にお金が落ちにくいのが難点なのですが、スタート時間を朝に設定すれば他県からの参加者は前泊します。

たとえば、人気の「沖縄・ＮＡＨＡマラソン」のスタートは9時。参加者の大半は県外、本州からの参加なので当然、前泊します。一方、「大分・別府大分毎日マラソン」は正午スタート。それでは県内や近隣県からの参加者は十分、日帰りができてしまいます。

朝スタートにすると、参加者にとっては「時間をかけて走ることができる」「完走できる」というメリットがあります。

マラソンにしても自転車イベントにしても、夕方暗くなる前に「足切り」の時刻が設定されているので、12時スタートだと、特に初心者の場合は、大した距離を走らないうちに足切り時刻を迎えます。そうなると達成感を味わえず、不完全燃焼のまま帰ることになってしまう。

「ハワイ・ホノルルマラソン」がなぜ絶大な人気を誇っているのか、その理由の1つには、「制限時間がなく、誰でも完走できる」ということがあります。そう考えると、宿泊率を上げるためだけでなく参加者の満足感を満たす意味でも、スタート時間を朝に設定するのはいい方法だと思います。

地酒&鍋で酔わせるが勝ち

「酔わせ、脱がせ、疲れさせせ」。これは我が社の社内用語で、宿泊率を上げる3要素は「飲んでいただく」「温泉に入っていただく」「(アクティビティなどで)疲れていただく」である、という意味です。

このうち、最も重要なのは「酔わせ」。お酒を飲めば当然、車の運転はできません。いい気分になって心も体もほぐれれば、「もう帰れない、帰りたくない」となるでしょう。

そして、お酒を楽しむのに欠かせないのが料理。日帰り客の消費額をアップさせるにはランチの充実が必要でしたが、宿泊させるためには料理にさらなる工夫が必要です。

これまでの私の経験から、宿泊につながる夜の食べ物はずばり「鍋」。会席料理ももちろん魅力的ですが、次から次へと料理が出てきて落ち着かない、という声も聞きます。

その点、鍋物はお酒を飲みながらゆっくり時間をかけて食べることができます。地酒と鍋の組み合わせは、最強です。

地元の食材を使った「鍋メニュー」を作りましょう。そしてそのこだわりを、食材や料理の写真付きでアピールしてください。

その際に大切なのは、必ず夜をイメージさせる写真に仕上げることです。料理の脇にお酒を置いたり、ライティングを工夫するなどして、「宿でお風呂に入った後にゆっくりお酒を飲みながら、食べたいなあ」と思わせるような絵作りをしましょう。

地酒&鍋の組み合わせで成功している例として、岐阜県飛騨市があります。飛騨牛は、岐阜県内で飼育される黒毛和牛で、肉質はやわらかく、網目のような霜降りと豊かな味わいで全国にファンを持っています。この肉を目当てにわざわざ飛騨を訪れる人も少なくありません。

しかし、高級和牛とはいえランチメニューだと2000円前後。それではなかなか消費が伸びません。なんとかそこにお酒をプラスして、できればそのまま宿泊につなげたい。岐阜県では飛騨牛を使った「すきやき」と「しゃぶしゃぶ」、そこに地酒を組み合わせたメニューを揃えています。

岡山が、牡蠣で宿泊増！

町として、宿泊につなげる夜のメニューを打ち出すには、具体的に何を、どうすればいいのか、岡山県のケースを例にとってお話ししましょう。

岡山県には、瀬戸内の海の幸からご当地グルメまで、食の魅力が満載です。その味を求めて、他県からやって来る人もたくさんいます。そこで、観光客の胃袋をつかんで宿泊につなげようと考えました。

目玉にする食材を何にするか。夜の食事、鍋をイメージすると牡蠣です。牡蠣といえば、お隣に広島という強力なライバルがいますが、牡蠣のクオリティを競うわけではなく、それを「集客と集金」にいかに利用するかが焦点です。「牡蠣料理がおいしい宿に泊まる」というストーリーを拡散、印象づけるため、岡山県公式観光ウェブサイト「おかやま旅ネット」上で、牡蠣特集を組むことにしました。

牡蠣という素材だけをアピールするのではなく、その楽しみ方を提案しようと考えたのです。

岡山には、日生と寄島という話題の牡蠣スポットが2カ所あります。同じ牡蠣といっても、食べ方やメニューにそれぞれ特徴があるので、まずそのことを観光客に知らせる。そして、それらが買える場所、食べられる宿の情報を掲載する。情報を載せるだけでなく、そのページから買える場所、食べられる宿の情報にアクセスできるように、「牡蠣料理が食べられる宿」のところをクリックすると、宿泊サイトに導かれるようにしました。

ここで旅館やホテルで宿泊プランに「牡蠣」「カキ」という文字を入れている宿泊プランを自動的にピックアップして、ウェブサイト上に表示しました。そしてそこから直接、宿泊予約ができる仕組みを作りました。

その結果、どうなったか。この牡蠣作戦が功を奏し、岡山県のホームページ経由の宿泊成約数は極めて高い数字を維持しています。

これは、ウェブサイトをうまく活用し、ストーリーを提案することにより予約成立にまで結びついた好事例と言えます。

単にウェブサイトを作るのではなく、一気通貫型の消費までつなげる仕掛けを丁寧に構築するかしないかで、観光客のお金の落とし方が大きく違ってくるのです。

第５章

戦略は新規客よりもリピーターを優先せよ！

新規客より「すでに来たことがある客」を増やす努力

前章で、観光消費額を増やす方法で「新規観光客の数を増やす」のはハードルが高い、と述べました。新規客獲得の前にやっていただきたいことはリピート客をつくり、増やすことです。

観光で町を活性化させよう、観光消費額のアップを図ろうと考えると、どうしても「新規のお客さんを呼ぶ」という方向を目指そうとしがちです。しかし、自分たちの町をまったく知らない人に来てもらうというのは、想像しているよりもずっと大変なことです。

先にもお話ししましたが、マーケティングにおける「1：5の法則」です。新規客はリピーターに比べ、獲得コストが高いにもかかわらず利益率が低い。対して、既存客は一度、商品を購入して知っているので、少ない獲得コストで再度商品を買ってもらえる可能性が高い。つまり、コストと労力において、新規客と既存客の割合は5：1となるわけです。新規客をつかまえようとするのと既存客をつなぎ止め、増やそうとするのではどちらがいいか、おわかりいただけたでしょうか。

では、どうすればリピーターをつくることができるのか？　それを考える前に、人々がリピートしている旅（もの・イベント）と、そうではないものを挙げてみます。

多くの人がリピートしているものとしては、観光地ではないかもしれませんが「初詣で」があります。「お参りすれば御利益がある」とばかり、お正月は神仏に手を合わせに行くのが日本人の慣習となっています。

また、マラソン大会やトライアスロン大会や自転車レースといったスポーツ系イベント。蟹や桃、ぶどう、新米など旬の食べものを食べる旅も一度行くと、そのおいしさにヤミツキになってしまうようで、「毎年、必ず行く」という人が少なくありません。

逆に、なかなかリピートしないものといえば、「一度体験したら気が済む」旅です。周囲に聞いてみると、北海道「さっぽろ雪まつり」や「流氷」などが挙がりました。一度は見たい光景で素晴らしいものではあるけれど、一度見たら気が済むのか、何回もリピートしているという人は少ないようです。他に、全国各地で開かれている陶器市。陶器の里をめぐる人はいても、混雑した時期に開始される陶器市に毎年通い続けているという話は、器店の人やバイヤー以外ではあまり聞きません。

こうしてリピートするもの、しないものを比べてみると、人々がリピートしたいと思うもののポイントは初詣でなどの「縁起もの」、スキルアップが図れる「スポーツ系イベント」、旬の食べ物など「季節限定もの」、マニア向けの「聖地」であることがわかります。

ということは、これら4つのうちいずれかの素材、あるいは要素があれば、それを最大限活かすことでリピーターを生み、増やせる可能性が大きい。あなたの町にこれらが埋もれていないか、早速探してみてください。

神社仏閣も攻めの姿勢で

初詣客が訪れる神社仏閣は、全国各地にあります。あなたの町にも、近隣の人たちが訪れる氏神様や鎮守様、お寺などがありますね。そこに毎年、元日だけでも必ず訪れる人を増やすためには、どうすればいいのでしょう。

ここでも、ターゲットは「遠くの人より近隣の人」。地元の人をいかに惹きつけるかが課題ですが、これはそう難しいことではありません。

たとえば、お神酒や甘酒を振る舞ったり、お焚き上げをする。それで暖を取ることができるので、人は「だったら、お参りに行こうか」という気になります。

その年の干支の判を（お札よりも安価に作れます）御朱印帳に押す、誰もが「ほしい」と思うようなオリジナルの干支飾りを用意する、といったことも、「すべて集めたい」という人間のコンプリート欲を刺激するので、「十二支揃えたい」「毎年見ないと気が済まない」というように、リピートの大きなきっかけになります。

「そんなことは当たり前だ」「すでにやっている」という声が聞こえてきそうですが、では、なぜ参拝客が増えないのか？

それは、事前の告知が不十分だからです。甘酒を振る舞う、お焚き上げをするということを神社やお寺のウェブサイトで告知するのもいいのですが、近隣の人たちの目にもっと触れやすいよう門前に掲示するのはもちろん、町内会の掲示板、回覧板、ローカル新聞などで告知する。それも、ただ「大祓」「除夜祭」（大晦日）、「歳旦祭」（元旦）と書くだけでなく、お参りに行くと何があり、何ができるのか具体的な情報も書き添える。人は、具体的なイメージが頭の中に浮かぶと動きやすいものだからです。

なお、事前告知の際、忘れてはならないのがご祭神や仏様がどなたで、お参りするとどんな御利益があるのかという案内です。これもごく当たり前のことだと思うのですが、実際には、きちんとアピールしていない神社仏閣が少なくありません。

人が集まりやすいご利益としては「良縁・結婚」「子宝・安産」「交通安全」などがありますが、高齢化の進む現在、マーケットの大きさを考えると「目」や「脚」「耳」「認知症封じ」、また誰もが生涯を通じて求める「お金」の御利益のほうが、より参拝客を引き寄せる力が強いと思います。

あなたの町に、そういった力をお持ちの神様や仏様はいらっしゃいませんか？　いらっしゃるとしたら、その御利益を具体的にアピールしましょう。地元に伝わる神話や伝説の中に、御利益につながるヒントがあるかもしれません。繰り返しますが、消費につなげることを準備することもお忘れなく。お札、記念品、周辺の食事や宿泊場所、有料の祈禱、写真撮影などをセットにして考えるといいと思います。

たとえば、鳥取県鳥取市にある白兎海岸。そこに、白兎神社という小さな神社がありま す。地元の人でも知らなければ通り過ぎてしまうほどのその神社に、今では全国から若い女性がやってきます。なぜか？

『因幡の白兎』という神話をご存知でしょうか？　自分を助けてくれた大国主命に白うさぎは、絶世の美女であり、たくさんの求婚を受けている八上姫と「結婚するのはあなたです」と予言をし、その通りに大国主命は八上姫と結婚できた、という話です。

この神話自体は他にも大事な要素がたくさん詰まっているのですが、「白うさぎは縁結びの神様だ」と改めてアピールすることで、良縁を望む女性が全国からやって来るようになりました。

みなさんの地元にも、こうした話は必ずあるはずです。それをいま一度探し、全国に発信してください。何も古い時代の話でなくても構いません。昭和でも平成でも「御利益があった」という話があれば、大々的に宣伝しましょう。「体験談」や「喜びの声」なども一緒に紹介すると効果的です。ダイエットの本などは必ず体験談も出ていますよね。あれと同様です。

そして、やって来た方に満足してもらえるような、御朱印やお札、お守りなどもぜひ作ってください。宗教上の制約や予算の問題が絡んでくるとは思いますが「ここでしか授かれない」という特別感のあるものを用意したいところです。

このような当たり前のことを地道に、丁寧にやり続ける。それによって地元や近隣の人の心をがっちりつかむことができれば、「あそこの神社は○○に御利益があるらしい」との噂が広がり、やがてマスコミに取り上げられる。そうなれば、全国から参拝客が訪れる、文字通り「聖地」になれるかもしれません。

スポーツイベント成功の秘訣は「多様性」

健康志向を背景に、市民の間でブームとなっているマラソン。2007年に始まった東京マラソンをきっかけに、全国各地でフルマラソンの大会が開かれるようになりました。その数は、2015年を例にすると、1997大会。これに、タイムを競わないファンランなども合わせると、実に2000以上のランニングイベントが開催されたといいます。

マラソン大会はかなりリピート率の高いイベントです。その理由は、「日頃の練習の成果を知りたいから」。趣味で走り続けているといっても、自分がどれくらい成長しているかを知りたい、去年の自分に勝ちたい、トレーニングを続けるためにも翌年の目標を立てたい……、人間には、そういった成長欲があるようです。

ただし、実際のところマラソン大会は飽和状態。ライバル地が多く、参加者の大会に対する要求度もどんどん上がっています。また、金銭的にも労力的にも運営側の負担はかなり大きく、赤字となるマラソン大会も出始めていることを考えると、自治体として新たにフルマラソンの大会を主催することは、あまりおすすめできません。

ランニングイベントを新たに設けるなら、最近人気が高まっているファンラン的要素の強いイベントはどうでしょう。ファンランは記録を出すことが主眼ではなく、あくまでも走ることを「楽しむ」イベントなので距離も短め、誰でも気軽に参加できるのが魅力です。

ランニングイベントを成功させるポイントはずばり「多様性」でしょう。

何人かでチームを組んでリレーで走る方式にしたり、2キロ、5キロ、7キロ、10キロとさまざまなコースを設ければ、年代もスキルの程度も幅広く、多くの参加者を集めることができます。

かつて私が参加したマラソン大会には、親子4人でリレーしながら2キロのコースを走る、という種目がありました。これは親子で力を合わせ、励ましながら走るという楽しさもありましたし、私の両親を含め「孫が出るなら」と応援に駆けつけたおじいちゃん、おばあちゃんも多く、会場は大にぎわい。かなりの人出で、飲食系の露店やキッチンカーは大繁盛でした。

その大会では、ハーフ、5キロ、7キロのコースも設けられていたので、親子リレーマラソンに参加していた子どもの中には「来年は1人で、5キロコースにチャレンジしたい」と言っている子もいました。リピート確定、ですね。大会を続ければ、もしかしたら、その子が親になったとき、今度は自分の家族とともに参加してくれるかもしれません。

また、旬の景色や食べ物を絡めるなど、イベント性を高めるのも有効です。たわわに実ったリンゴの香りの中を走る「弘前・白神アップルマラソン」。給水所ではなく、名物のスイカが置かれた「給スイカ所」が話題になった「富里スイカロードレース」。ゴール後には地元のぶどうとワインが待っている「甲州フルーツマラソン大会」など。

こうした大会の参加者はグループが多く、誘いやすい要素が集客力を高めています。スタート前の受付のとき、参加者に地元の温泉の割引券なども渡せば、アフターランに立ち寄ってくれて、おみやげも買ってくれるかもしれません。地元のグルメマップの配布も効果的です。

ランニング仲間に口コミで拡散してもらえるように、ゴール後には記念撮影ができるブースやパネルなどを設置しておき、「シャッターを押しましょうか?」と声掛けすることもお忘れなく。

旬の食べ物は吸引力大

ランニングイベントを盛り上げるのに一役買っているように、旬の食べ物はリピート客をつくるためのとても大きな力となります。

人は「この時季にしか食べられない」「この時季が一番おいしい」と言われると「食べておかなきゃ」という心理が働くのですね。そうやって何度か通ううちに地元の人たちと親しくなり、家族ぐるみの付き合いをするようになり、「第二の故郷」として10年、20年と通い続けている人もいます。

ただ、果物にしても海産物にしても旬の食べ物をただ「売っている」だけでは、リピート客を獲得できません。

たとえば、りんごやぶどうなどフルーツの産地でも、リピート客獲得に苦労しているところが多いようです。その大きな原因は、旅行形態が変わったことにあるでしょう。

30年ほど前まで、りんご狩りやぶどう狩りなどは、団体旅行がメインでした。ツアーの内容は団体型の旅行会社が企画するため、果樹園は自分たちが育てて収穫した旬の食べ物を「売っている」だけで、毎年多くの人を集めることができました。

今年訪れた人がリピートしてくれなくても、来年はまた新しいお客さん、再来年もまた新しいお客さんを旅行会社が連れてきてくれるので、果樹園は果物を育てることに専念していればよかったのです。

しかし、旅のスタイルが個人型へとどんどん移行している今、ただ作って売るだけではリピート客は獲得できません。自分が作っているりんごやぶどうがいかにおいしいか、よその果樹園と違う、ここだけのこだわりは何なのか、ということを自ら発信していく必要があります。

若い世代では、インターネットを使って熱心に情報を発信して集客に成功している果樹園オーナーの例も見られますが、年配オーナーになるとなかなかそれができていないのが現状です。

ただ、インターネットを使わなくても情報発信をする方法はあります。果樹園を訪れた人の多くは「たまたま立ち寄った人」でしょう。その人をリピート客にするためには、りんごのおいしい食べ方やおいしく保存する方法を教えてあげる。そして、後日「当園のりんご、お楽しみいただけていますか?」といった手紙を出し、翌年の春にりんごの白い花が咲き誇っている美しい風景の写真と合わせて収穫の時季を知らせる手紙を出し、収穫の時季が近づいてきたら「いよいよです。今年もおいしいりんごができました!」と報告する手紙を出す……といったことをすれば、人は「じゃあ、今年も食べに行ってみようか」という気になるものです。

果樹園や米農家、海の幸を扱う漁師さんは、日々作業に追われていて、情報発信をする時間や労力を確保するが難しいかもしれません。であれば、情報発信の部分だけアウトソーシングしたり、観光協会が「○○の産地」として紹介、その活動をフォローするなど、方法はいくつもあります。

ただし、その際も情報発信のタイミングや、情報内容の細かさが重要なポイントです。

わがままな鮎釣り客を〝釣る〟方法

りんごやぶどうとは少し趣が違いますが、季節限定の食べ物であり、かつ「釣り」というアクティビティで、私が行ったリピート客獲得戦略をご紹介しましょう。

航空会社系の旅行会社に勤務していましたので、まず飛行機に乗って釣りに行くからには、そもそもお金のかかる釣りをしている人たちをターゲットにする、ということを考え、それは何かを調べ始めました。

そうすると、鮎釣りというジャンルが、釣りの中で1、2を争うお金がかかる釣りであることがわかってきました。道具代はざっと10万円以上で、経済的に余裕のある人でなければ楽しむことはできません。

レジャー白書などで調べると、釣り人口は約1000万名ほどでしたが、鮎釣りをする人はわずか4％ほど、私が好きなマイナー系のターゲットでした。

しかも鮎を釣れる川は全国各地にありますが、いつでも誰でも鮎を釣っていいわけではなく、毎年6月から7月頃（エリアによって異なる）に解禁となり、9月にはシーズンを終えてしまいます。

人数は少ないし、時期は限られているし、マスで考えるとあまり多くの集客は見込めないことになりますが、マイナーであるがゆえに、それをツアーにしている旅行会社はほとんど存在せず、つまり競合がないブルーオーシャンということになります。

まず、鮎釣りツアーのＰＲはマイナーなのですから、マスで訴えても効率が悪く、無駄な広告費を垂れ流すだけです。私がそのＰＲの場に選んだのは「鮎の専門雑誌」「釣り専門新聞」のみ。パンフレットさえ作りませんでした。

鮎の専門雑誌はそれまで書店で見たこともなく、「世の中にあるのかな？」と思いながら探したのですが、探せばあるものです。聞くところによると、年に1回しか発行されない雑誌であることもわかりました。知らないはずです。

鮎釣りはエサで釣り上げるのではなく、おとりになる鮎を使います。縄張り意識が強い地元の鮎は体当たりをしてくるので、そこを釣り上げるとのこと。恥ずかしながらそんなことも私はこの分野を調べることで初めて知った次第でした。

ということがわかれば、ツアー情報の内容としては、おとり鮎がどこで買えるのか。おとり鮎を扱っている漁協や店までのアクセス図を必ず入れる。さらに、釣った鮎を買い取ってくれる場所があるか否か。鮎釣りの場合、鮎を食べることよりも釣ることを楽しむ世界なので、釣り人たちは釣った鮎をすべて食べるわけではありません。漁協、あるいは料亭が買い取ってくれる仕組みがあるかどうか、ということも重要な情報です。

そして、釣り場近くの宿泊施設をチェック。釣ってきた鮎を調理してもらえるか、あるいは自分で調理できるスペースがあるかどうか。6～9月とはいえ、長時間川の中に入っていて体が冷えるので、温泉があるか否か。釣れる確率が非常に高い「朝まずめ」「夕まずめ」の時間帯に川に出かける客に、食事の対応をしてもらえるかどうか。

鮎釣りの場合、朝まずめは午前5時頃、夕まずめは午後5～8時頃なので、通常、宿が設定している朝食、夕食の時間とはズレてしまいます。しかし、釣り人たちのニーズに応えて、朝、おにぎりを用意してくれたり、夕食も簡単なものなら9時まで対応可能、としてくれれば釣り人たちは毎年のように通うはずです。

これら細かい情報をまとめ、地元の魚協でも電話対応をしていただけるようにしたところ、この鮎釣りツアーは初年度から数百人単位で売れ、ヒット企画となりました。通常のツアーでは1泊か2泊が一番の売れ筋なのに対し、このツアーは3泊から4泊という長期間の滞在が特徴でした。この成功により毎年、全国各地の鮎釣りに適した川に行くツアーを増やしていくことにつながったのです。

それまで「何もない」と思われていた場所が、飛行機でわざわざ行く特別な鮎釣りの聖地に変わった瞬間でした。

広告を専門誌・紙に出したので、広告費も一般紙に比べると格段に安く、このジャンルのツアーは存在しないので、まさに会社にとってはオンリーワンの商品になっていったのです。

川崎はなぜ「ハロウィンの聖地」になれたのか

高校野球にとっての甲子園、高校ラグビーにとっての花園、ラグビー合宿にとっての菅平のように、マーケットが狭くても「聖地」となれば確実にリピート率は上がります。

「聖地」になるための大きなポイントは2つあると、私は考えています。

1つは「やり続けること」。高校野球の全国大会をやり続けてきたからこそ、甲子園は高校球児たちの聖地となりました。花園にしても菅平にしても然り、です。

いまや2月のバレンタインを超えるマーケットに成長した、ハロウィン。神奈川県川崎市はそのハロウィンの聖地として知られています。

「カワサキハロウィン」と称し、映画街「ラ・チッタデッラ」を中心に、毎年10月にハロウィンにちなんださまざまなイベントを開催。クライマックスの仮装パレードには、全国各地から10万を超える参加者が集まります。

そもそも、「カワサキハロウィン」は22年前、「川崎の魅力を全国に向けて発信しよう」と、始めたものでした。川崎市は私の地元でもあるのですが、「なんでハロウィン？ 川崎ってかぼちゃの名産地だったっけ？」と、当時はまったくピンときませんでした。

しかし、商店の従業員たちが仮装したり、飲食店ではハロウィン限定メニューを用意したり、といったことが続けられるうちに、私を含め地元住民はまんまと巻き込まれ、いつしか川崎市を代表するイベントに。

地元がそうした盛り上がりを見せるうち「川崎のハロウィン、仮装大会がすごいんだって」という噂が全国に広がり、いまや本場アメリカをはじめ世界各国から人が集まるようになりました。

おかげで、地元の美容院は仮装のヘア・メイクを希望する人で大繁盛、遠方からの参加者も多いため、ホテルの稼働率もアップ。当然ながら飲食店も大忙しです。

ハロウィンの聖地になったことで、川崎市は当初の目的通り、全国にその名を知られるようになり、大きな経済効果が得られています。

それも、あきらめずに続けてきたからこそ。初年度は企画はしたものの道路使用許可が警察からなかなか下りず、開催が危ぶまれたといいます。仮装パレードに参加した人は150人。それも、その半分は関係者だったとか。それでも、強力なブランド力のある東京と横浜に挟まれている川崎市を盛り上げたいという一心で、長年開催し続けたからこそ「ハロウィンの聖地」になることができたのです。

その集客と消費は川崎市に大きな経済的なメリットをもたらしています。ハロウインはゴールデンウィークや夏休みのようなピーク期ではない時期であったこともよかったと思います。交通機関や宿泊施設もピーク期ではないので、こういう需要は大歓迎です。

現在でもゴールデンウィーク期間中や旧盆期間のわざわざ混雑するときに開催している大きなイベントが全国にたくさんあります。それを1週間前後にずらして開催するだけで、相当な効果が得られます。有田や萩の陶器市、徳島の阿波踊り、高知のよさこい祭りもゴールデンウィークや旧盆期間という超ピーク期間中に開催されています。地元でのいろいろな事情があることは百も承知ですが、観光消費拡大コンサルタントとしては、ぜひ1週間でも開催時期をずらしていただきたいと思っています。

いずれも大変魅力あるイベントですので、この時期でなくても十分集客力はありますし、参加者も混雑して高い宿泊料金を支払うよりは一般的な金額で泊まれますし、ホテルや運輸機関も集客が平準化され、大きな経済効果をもたらすと思います。

「ビリギャル理論」で聖地づくり

聖地になるためのポイント、2つ目は先に延べた通り、「開催時期」です。アニメや映画の舞台になった場所があるなどマニアが集まる素材が自分の町にある場合を除いて、聖地になるには、川崎市のハロウィンのように、何かイベントを仕掛ける必要があります。

そして、そこにより多くの人を集めるには、開催時期を慎重に吟味する必要があります。

前述したように観光には、ピーク、ショルダー、オフの3つの時期があります。ピーク期はゴールデンウィークやお盆、年末年始。オフ期は、それぞれの地域が有する観光素材によって変わります。スキー場なら雪のない季節、沖縄ならビーチシーズンが終わった後、というようにです。ショルダーはピークでもなく、オフでもない期間を指します。

自治体から私のもとに寄せられる相談には「オフ期を何とかしたい、観光客を集める術はないか」というものも多いのですが、私の持論は「オフ期は後回し」。B級観光地がわざわざ人が訪れない時期に挑むのは、無謀です。

それよりもショルダー期を埋める戦略を立てるほうがいい。私はこれを「ビリギャル理論」と呼んでいます。

数年前、『学年ビリのギャルが1年で偏差値を40上げて慶應大学に現役合格した話』という本が話題となり、映画化もされました。それは、学年一成績が悪かった女子高生が偏差値70以上の慶應大学にストレートで入るという「滅多にない」ケースだから取り上げられ、脚光を浴び、映画にもなったわけです。

基本的には、偏差値30台の人が慶應大学に合格する確率は極めて低い。30台、いや40台の人も、ビリギャルをならって入試に挑むのは、博打を打つようなものです。しかし、すでに偏差値50台、60台の人なら、頑張りようによっては70台まで伸び、慶應大学に入れるかもしれない。少なくとも、ビリギャルより合格する可能性はかなり高いはずです。

観光についても、これと同じことが言えます。オフ期に観光客を集める＝ビリギャルが慶應大学に合格するのは「まぐれ」に近い。そんな博打を打つよりも、偏差値50台、60台＝ショルダー期をピークに近づけるほうが現実的です。

その、ショルダーをピークに近づける方法の1つに「イベント開催」があると、私は考えています。それは観光地にとって喜ばしいだけでなく、参加者にとっても好都合なのです。

そのいい例が、毎年6月上旬に北海道札幌市で行われる「ＹＯＳＡＫＯＩソーラン祭り」でしょう。

「ＹＯＳＡＫＯＩソーラン祭り」は１９９1年当時、北海道大学の学生さんが高知県でよさこい祭りを見て感動し、「この光景を北海道でも見られたら……」という思いを抱いたことで始まったものです。

仲間を募って実行委員会を発足、翌１９９2年6月には道内の大学の実行委員で「第１回ＹＯＳＡＫＯＩソーラン祭り」を開催。それが今や観客動員数２００万を超える大イベントに成長しました。

その背景には、「6月上旬」という開催時期がありました。この時季、本州以南では梅雨入りをして蒸し暑いため、避暑地を求めて北海道に来る人たちが多いということ。そして北海道ではこの時期、目玉となるような大きなイベントや観光素材が少ないので、多くの観光客をゆったりと受け入れられること。そのため、6月上旬は観光客が「飛行機やホテルの予約がとれない」「チケット代や宿泊代が高い」というストレスを感じずに、北海道に来やすい時季だったからです。

それは、踊りを愛する人たちにとっても好都合でした。踊り子たちは、機会があればどこへでも行って踊りたいのだそうです。ただ、本場高知のよさこい祭りは前述の通り8月、ちょうどお盆の時期に開催されるため飛行機やホテルの予約が取りにくく、なかなか踊りに行けない。そんな欲求不満を解消してくれたのが、札幌の「YOSAKOIソーラン祭り」だったのでしょう。

「気候も爽やかなので、踊っていて気持ちがいい」、そんな噂を聞きつけた踊り子たちがどんどん集まって、札幌はあっという間に踊り子たちの「聖地」になりました。200万人のうち、踊り子がざっと3万人。踊り子たちは、この大会には万難を排して参加します。つまり、3万人は大半がリピート客というわけです。残りは観客ですが、興味深いのは観客の中にもかなりの割合でリピーターがいることです。「YOSAKOIソーラン祭り」は、観る感動も大きいイベントなのですね。

ただ、いくら感動的な内容だといっても、これが航空券や宿泊先の激しい争奪戦が展開されるピーク期に開催されていたら、毎年200万もの人は集まらなかったと思います。

集客戦略として何かイベントを仕掛けたい、聖地となって確実にリピート客を獲得したいと考えるなら、ショルダー期に開催を。それは観光地にとっても観光客にとっても幸せな選択だと思うのです。

セカンドライフのための「週末別荘」という考え方

その土地が好きで、何度も何度も通っているうちにとうとう移住してしまった。そんな話を聞いたことはありませんか？

移住は、リピーターの究極の形です。観光客として一時的に飲食代やお土産代を地元に落とすのではなく、移住したとなれば、生活費をまるごと落としてくれ、税金まで払ってくれる。ですから今、多くの地方自治体で、地方創生戦略として移住者の誘致を行っています。

しかし、いくら気に入っている場所でも、移住するとなるとかなりの勇気が必要でしょう。移り住んでみて、観光で来るのと暮らすのとでは町の印象がまったく違うことに戸惑ったり、「別の場所のほうがよかったかもしれない」と思うこともあるかもしれません。

「旅の楽しさ」で日本全国を元気にしたい私としては、もっと気楽な方法として、好きな場所に週末だけ暮らす「週末移住」や自分の好きな季節だけ恒例で訪れる「ちょっと軽い感じの故郷を持つ」という考え方もあるのではないか、と思っています。

ステップはこうです、

①日帰り旅行
②宿泊旅行
③行きつけのペンションや旅館を作って季節ごとに訪問する
④週末だけの小さな別荘に移住

ステップ③のレベルになりますと、行きつけのペンションや旅館のオーナーや従業員さんとコミュニケーションが取れたりするだけでもうれしいものです。その地域のイベントに参加すれば、宿泊先を飛び越え、地元の人との独自のネットワークもできていきます。

そんなふうにつながった人たちから季節ごとの食べ物や便りが届くようになったら、どうでしょう？　今、生活している場所以外にも自分の居場所があるような気になりませんか？　そうした体験は人生を豊かにします。季節ごとに何カ所か、そういった拠点があるとさらに充実するかもしれません。

私は中学、高校時代は剣道部でしたが、毎年夏の合宿は長野県飯山市の戸狩という場所でした。

結婚し、子どもができた今でも山菜が取れる春になると、家族でよく訪れます。一面の菜の花や、採れたてのアスパラガスの炭火焼きがいつも本当においしく、千曲川を眺めながらの露天風呂も楽しみです。

毎年のことなので、ペンションの方々とも仲良しで、地元ならではの山菜の食べ方やさまざまなお散歩コースも知り、私にとっては第二の故郷になっています。

観光地として訪れた人たちを「観光客」として接するのではなく、季節ごとに来てくれる人、週末移住者としての観点で情報提供をするのも大いにありだと思います。

週末というと通常、「土、日」あるいは「金、土、日」と考えがちです。金曜、土曜の宿泊料は少し高く、満室ということもあるでしょう。

そこで、宿は「日、月」プランを用意するのです。日曜日の夜は大抵の宿は空室があるはずです。

今は会社も始業時間が10時だったり、午後からの勤務でもいいフレックス制度を導入しているところも少なくありません。午後からの出社であれば、日本国内なら大抵の場所から移動が可能です。

それらを想定した交通機関をウェブサイトに掲載したり、地元のペンションや旅館組合と話し合って、そうした人をターゲットにしたプランを新たに作ってもいいでしょう。

大きな企業の場合は年間一定の福利厚生ポイントがあり、大半の社員がそれを使い切らずに失効してしまっている実態をよく耳にします。

そういった福利厚生ポイントが使えるような宿泊プランを準備するのも新しい販促になるかもしれません。

企業では今、「働き方改革」を試行錯誤しながらも着実に進めています。受け入れ側も「遊び方改革」を試行錯誤しながら実践してみてください。いつか最適な方法が見つかり、「週末別荘」や「二地域居住」、「季節移住」する確率も高まっていくはずです。

移住しなくても、それだけのリピーター、ファンができれば御の字でしょう。そのための活動に知恵と汗を惜しまないことです。

一見の客をリピート客に育て上げる方法

また、リピート客を育てるにはこんな方法もあります。

たとえば成田－沖縄・那覇間も、ＬＣＣ（格安航空会社）を利用すれば安いときは片道1万円未満。現地ではホテルではなくウィークリーマンションを利用すれば、2泊3日でも3万円でお釣りが来るかもしれません。

ＬＣＣは国内線でも成田や関西空港発着が大半ですし、ウィークリーマンションだと自炊する必要がありますが、マリンスポーツをしに頻繁に通いたい人にとっては、それは何の障害にもならないはずです。

「もっと格安な旅を」と考えると、沖縄ではキャンプ場に泊まるというプランもあり、です。これは、学生向きですが、学生のうちに何度も来てもらって沖縄の魅力を刷り込んでおけば、社会人になってお金ができた暁には、リゾートホテルでゆったり過ごす旅をしてくれるでしょう。

人は収入や年齢で旅行の仕方やかけられるお金も変化します。大切なのは、お金がない人でも、ある人でもどちらも楽しめる多様性が存在すること。キャンプ場に泊まっていた学生が社会人になったとき、大人だからこそ味わえるリゾートホテルやちょっと贅沢な食事やアクティビティが選択肢にあることが大切なのです。

人は1つのことを知れば知るほど、それを深く味わいたいと思うものです。何度通っても沖縄への興味は尽きず、そのうち「第二の故郷」と思うようになるかもしれません。そのときのために、結婚をしてファミリーでも楽しめるようなプランも提示しておくのです。

そう、これはマーケティングの世界でいうところの「LTV（ライフタイムバリュー）」戦略です。LTVとは「顧客生涯価値」、1人の顧客が生涯を通じて企業にもたらす利益のこと。一般的には、顧客の商品やサービスに対する愛着（ロイヤルティ）が高い企業ほどLTVが高くなります。

ここまでの話で言えば、1人の人がその時々の収入や同行者の変化とともに、一生のうちに何度も沖縄を訪ねてくれることによって、沖縄に大きな利益をもたらしてくれる、ということです。

あなたの町が移住者を誘致するためには、観光客のLTVの最大化を目指しましょう。

それには、地元の観光素材をバラバラにPRするのではなく、1人の人間の生活シーンや、入学、就職、結婚、定年といったライフイベントを交えたストーリーを思い浮かべながら、戦略的に組み合わせ、発信することです。

地元で社員を募集している会社の紹介や空き家の試泊、季節ごとの過ごし方や子どもが通う小学校までの距離や地域イベント、同じ移住者のコメントなど、新しい土地での生活、ストーリーが想像できるような情報を提供すること。

ちょっと難しいのはその土地に合った「LTV戦略」そのものを構築するところです。ここは我々やそれを専門とする外部の力を借りてもいいかと思います。戦略が構築でき、「誰が、何を、いくらかけて、いつ実行する」という作業レベルに落とし込めれば、後は担当を決めて実行あるのみ！です。

観光で地方創生を図ろうと考えるなら、観光客ファーストで、訪れてくれる人たちのかゆいところに手が届くようなサービスを1つ1つ丁寧に、徹底して行うしかないのです。

「巡礼」を生み出した空海は天才プロデューサー

この章の最後に、私が「これぞ最強最高のリピーター獲得モデルだ！」と思っているビジネスモデルをご紹介しましょう。

それは四国巡礼、つまり「お遍路さん」です。

お遍路さんとは、白装束に身を包んで、四国・徳島の一番札所（霊山寺）から香川の八十八番札所（大窪寺）までお経を唱えながら歩くというもの。毎年15万〜20万人ほどのお遍路さんが、四国八十八箇所約１４００キロメートルを歩きます。

お遍路さんのすごいところは、一度体験した人の多くがリピーターになるということ。「歩き遍路」の場合、八十八箇所をめぐるのに平均40日といわれています。それを１００回以上めぐっている人もいるのですから、驚くしかありません。

私が、このお遍路さんを完璧な集客モデルだと考えるのは、現在のビジネスに通じる「ＣＳ（顧客満足度）」「リピート」「ＥＳ（従業員満足）」の３拍子が揃っているからです。

巡礼に向かう人たちはそれぞれ、叶えたい願いを持って八十八箇所をめぐり、その最後に、弘法大師空海が今なお生きておられるという和歌山県・高野山の御廟にお参りする。これを「結願《けちがん》」といいます。巡礼することによって、どんな願いも弘法大師が叶えてくれるのです。

お寺をめぐった人の満足度は、何度も経験している先達者や旅先で出会った人たちとの交流を通じて大きく膨らんできます。時間もお金もかかる分、深い充実感を味わいます。したがって、「ＣＳ」が非常に高いと言えるでしょう。

リピーターを生み出す力も群を抜いています。一番札所から始まり八十八番札所まで、納経帳にお寺のお納経をいただきながら歩くのですが、これが歩く励みにもなり、お納経を集める楽しみにもなります。しかも、納経帳を持っていれば極楽浄土へ行けるとも言われています。

加えて、札所に納めるお札（納め札）の色が、巡礼の回数によって変わります。1～4回までは白、5～7回までは緑（青）、8～24回までは赤、25～49回目までは銀、50回以上は金、100回以上は「錦札」と呼ばれる錦色。

いかがでしょう？　白いお札をいただけば緑のお札がほしくなり、緑のお札をいただくと「よ～し、赤を目指すぞ！」という気になりませんか？　これが「リピート」につながるのです。

また、お遍路さんを「お接待」する地元・四国の人たちの満足度がとても高いことも、四国巡礼の大きな特長です。これは、マーケティング用語でいうところの「ES」に当たります。お接待する＝巡礼者に対してお茶や果物、食事などをふるまうことによって接待した人もまた、極楽に行ける。そう信じられているので、接待した人も満足感と幸福感が得られるというわけです。

このように、非常に緻密に構築された仕組みによって、なんと1200年もの間、毎年数多くのお遍路さんが四国を訪れています。なんでも「歩き遍路」は1人あたり平均50万円ものお金を地元に落としていくとか。実際、「歩き遍路」は全体の1割にも満たないそうですが、バスやタクシーを使った場合でも20～30万円。それが年間20万人と考えたら、莫大な金額となっていることは間違いないでしょう。

お遍路さんをしようと、日本全国、さらには世界中から人が集まってきます。宗教学や民俗学などを学ぶ学生や関心のある人たちが、この稀有な信仰の形を学びにやって来るのです。

時間もお金も、圧倒的にかかる。それだけにハマりやすく、ハマった人はリピーターとなり、何度もやって来る。さらに、そのリピーターがリピーターを呼び込む。という仕組みがこれから先も未来永劫、続いていくのです。これを「最強最高」と言わずして、何と言いましょう。

観光地の活性化を目標にしている方に知っていただきたいのは、「観光地の集客は一過性のものであってはいけない」という鉄則です。目指していただきたいのは、継続すること。「長く続く集金の仕組み」を戦略的に作りましょう。

私は、空海を心から尊敬しています。宗教家としてではなく、天才的な観光プロデューサーとして。時を超え、1200年もの間、多くの人々を精神的にも経済的にも幸せにし続けるお大師様に少しでも近づきたい……。それが、B級観光プロデューサーとしての私の野望でもあります。

第6章

間違いだらけのインバウンド戦略

日本を覆うインバウンド熱

今、日本はインバウンド対策真っ盛り。どこの地方自治体でも観光課でこの言葉を聞かない日はありません。国を挙げての取り組みなので、そうなって当然でもあります。

今から15年ほど前、小泉内閣時代には500万人だった訪日外国人の数が2017年には2869万人と5倍以上にまで増加。東京オリンピックが開かれる2020年の目標である4000万人という数字も、いよいよ現実味を帯びてきました。

外国人旅行者の消費総額についても、2017年は前年比17・8％増の4兆4161億円で5年連続して過去最高を更新。観光庁としては、一段とギアアップすべく、インバウンド対策に力を入れていくようです。

わずか15年の間に5倍にも伸びるマーケットは他にはないので、インバウンド熱に浮かされてしまうのは無理もないでしょう。

「いやいや、うちだって前年比で2倍になった」と誇らしげに言う地方自治体もありますが、分母が小さいうちは実数で、大きくなってからは伸び率で語るべきだと思います。20人が40人になっても数字上は200％ですからね。

この状況を見て思い出されるのが、15年ほど前、「これからはブログの時代だ！」とさまざまな会社の社長が「社長ブログ」なるものを始めた時期のことです。

本来、社長がすべきことは「経営」なのに、ブームなので意味もわからず社長たちがブログを更新する。慣れない作業なので時間もかかるし、さほどおもしろいわけでもないので、特に誰が見るわけでもなく。しまいには取引上の守秘義務スレスレのところまで書いてしまう方もいました。

ブームが起こると、人はつい「乗り遅れまい」と突き進んでしまいがちです。やらないことで「時代が読めない人」として社内的に窮地に立つこともあるかもしれません。でも、冷静にそれを行うことの時間やコストと優先順位を考え、「効果がないことはやらない」という決断も貴重な戦略だと思うのです。

たとえば証券会社や銀行などとの取引や航空券の販売などは、どこで買っても同じものが手に入るので、真夜中でも買うことができるインターネット販売は利便性が高い。

しかし、私が行っているコンサルティング業などは、直接クライアントに会って話をし、人となりを見なければ仕事の話はまとまりません。実際、我が社の業務でインターネットのみで成約した仕事は1つもなく、すべて人の紹介や口コミを通じてのもの。というように、インターネットはきっかけにはなるものの、すべての業種に向いているわけではなく、アナログと併用しなければ成り立たない仕事もあります。ブームだからといって、すべてが同じ方向に進まなくてもいいという、いい例です。

同じことがインバウンドにも言えるのではないかと、私は感じています。

どこの観光地でも他言語対応のウェブサイトを作っていますが、外国人用に理解できる文章に修正した上で翻訳をし、ネイティブチェックを行い、かつ各国の検索エンジンにヒットするように対策を講じている観光地は非常に少なく、単に「他言語で作られているだけ」というものが少なくありません。

ログ解析をしてみますと、そのアクセス数は悲惨な状態で、この少ないアクセスのために全国でどれほどのコストがかけられているかを考えると悲しくなります。

率直に言いましょう。見てもらえないウェブサイトを作るのは、お金と時間と労力の無駄です。

多くの自治体は他言語対応のウェブサイトを作れば、まずは「インバウンド対策は実施している」ことになり、または、それくらいしておかないと「他でもやっているし恥ずかしい」と思っているようですが、実際のところ、それによる経済効果はほとんど得られていないのが現状です。

国がインバウンド誘致を重要視している今、「インバウンド対策」としてわかりやすい他言語対応のウェブサイトを構築する、という事情はわかります。でも、団体での来訪が多い国、個人客が多い国、レンタカーを運転することができない国、宗教上の問題でその土地のグルメがほとんど食べられない国、などの事情を無視してとりあえず翻訳してしまうということはとても粗い方法です。

とはいえ、もはやインバウンド誘致の流れを止めることはできませんし、日本の将来にとって重要であることは間違いありません。申し上げたいのは、「インバウンド対策をやるなら、正しい方法でやりましょう。今のままではお金を使うばかりで、外国人観光客の満足度もまったく上がりませんよ」ということです。

そこでこの章では、今、日本各地で行われているインバウンド対策の問題点を指摘するとともに、正しいやり方を提案していきたいと思います。

「日本は人口減少、インバウンドは急増」は本当か？

ご存知の通り、2008年から高齢・少子化で日本の人口は減少の一途をたどっています。対して、インバウンドは同じ2008年に835万人だったものが2017年には2869万人と急増。だから、観光対策は日本人の国内旅行よりもインバウンド重視で行ったほうがいい、という理屈は観光業界でよく語られるところです。

しかし、これは数字の比較が正確ではありません。日本の人口は1億2000万人を超えているので、たとえ毎年30万人ずつ減ったとしても減少率は0・25%。

インバウンドの数が激増したといっても、日本人の国内旅行市場は日帰り客を含めると1年に延べ6億4700万人以上（日帰り旅行3億2373万人、宿泊旅行が3億2346万人）が旅行する巨大市場です。

桁が違う2つの数字の一部だけを比較するのは明らかにおかしな見方だといえます。

実際、「日本人は減っていく一方だが、インバウンドは急増中。おもてなしの心で、もっともっと外国人を誘致します」というセリフをよく耳にしますが、外国人という人種の外国人はいませんし、おもてなしの心だけで遠い国から高い運賃を払って日本に来てくれるわけではありません。

ですから、インバウンドというブームをいったん客観的に見て、地元に一番経済効果をもたらすためには、まずは今、数多く来訪している日本人観光客への消費拡大策を。そこで観光地としての力がついたら、インバウンド対策に本腰を入れる。それも国別にきちんと優先順位をつけて、その国々の海外旅行事情に合わせて、という順番がB級観光地が進むべき正しい道です。

インバウンド観光消費の実態

観光庁による2017年の速報値では、宿泊施設の延べ宿泊者数は全体で4億9819万人泊、そのうち外国人の延べ宿泊者数は7800万人泊で、構成比は15・7%です。

1人当たりの宿泊数で考えると、外国人は平均宿泊日数は9・1泊、日本人は1・6泊程度ですので、外国人観光客のほうが泊数が多い分、1人当たりの観光消費額も多いことに間違いありません。

しかし、この平均値という数字は気をつけて確認する必要があります。

国別に見てみると欧米豪は13~15泊も宿泊している一方、アジアで10泊を超えているのは中国とタイのみで、一番少ない韓国に至ってはわずか4・3泊です。しかし韓国は700万を超える人数が来訪していますし、リピート率も高いので、前述したLTV（ライフタイムバリュー）という指標で考え、みなさんのエリアの特性も考えて優先順位を決定する必要があります。

これまで私が繰り返し述べてきたように、隣の町や県から人を呼べない、大阪や東京からも人を呼べない町が、どうして遠く離れた海外から人を呼べるでしょうか。

平成29年 延べ宿泊者数と外国人構成比

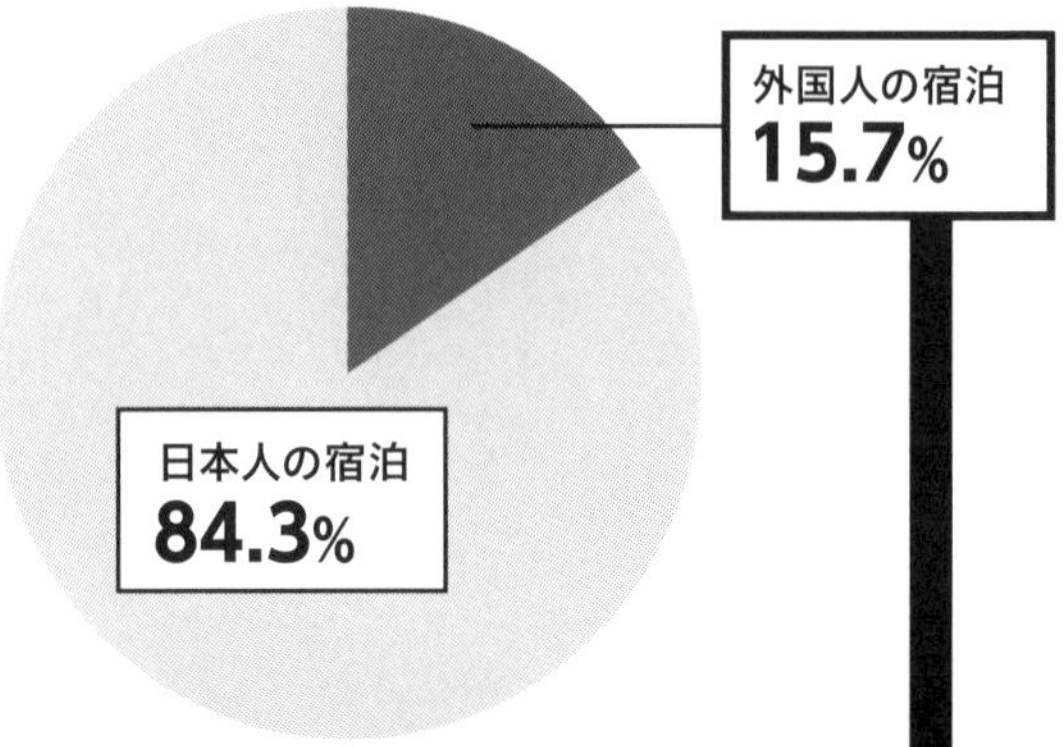

平成29年、日本国内の延べ宿泊人数は4億9,819万人泊。
うち外国人延べ宿泊者数は7,800万人泊で
外国人構成比は15.7%

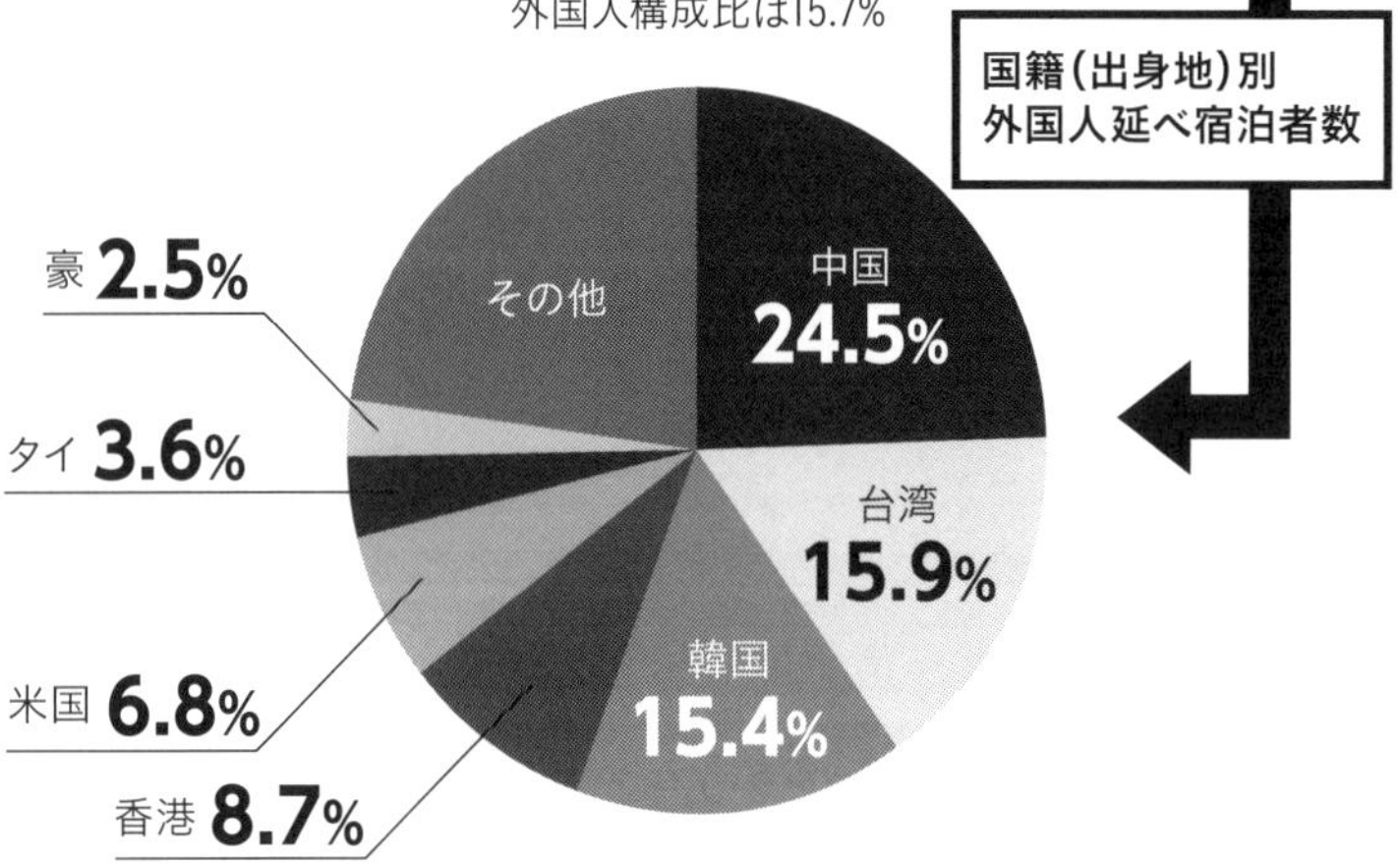

アジアの主要3か国と香港で64.5%の構成比を占める

国土交通省観光庁「宿泊旅行統計調査」平成29年年間値（速報値）をもとに作成

京都や東京、大阪のような外国人観光客にとってもA級の観光地は、彼らが喜ぶコンテンツをさらに充実させるべく、インバウンド対策に大いに力を入れるべきでしょう。

しかし、B級観光地にも成長できていないところ、つまり日本の観光地の多くは、まず自分たちの町を近隣の町や県、さらには日本国内から観光客が訪れるような魅力あふれる町にすることが最重要課題です。

「インバウンド人」「東アジア人」という人種はいない

多くの自治体の観光戦略をチェックしてみると、「インバウンド対策」「東アジア対策」といった文言をよく目にします。

ここで問題です。「インバウンド」とは具体的に、誰を指しているのでしょう？　「東アジア」に含まれる国は具体的にはどこでしょうか？

「インバウンド人」という人種は存在しません。

「東アジア」は、中国、韓国、香港、台湾、フィリピン、インドネシアのことでしょうか。案件によってはオーストラリアも「東アジア」に含まれる場合があります。

観光戦略を立てる際に重要なのは、ターゲットの設定です。国内旅行でも「首都圏」と

「近隣エリア」では戦略、戦術が異なることは、先に述べました。

特に外国人観光を対象とする場合、国によって話す言語も文化も違います。さらに、海外旅行事情や旅行形態も異なります。そこに目を向けず、「インバウンド」「東アジア」とひとくくりにして対策を立てても意味がありません。

たとえば、中国の方々は日本で運転できる国際免許証を取得できないので、日本で車を借りて運転することはできません。ですから、中国人観光客対策としては、バスやタクシーの充実が必須です。また、インドネシアの観光客に向けては、バスやタクシーの手配よりも優先してやらなければいけないことがあります。

インドネシア人の多くはイスラム教徒です。ですから、インドネシア人に向けては豚肉や血液、アルコールを禁じる戒律に従った「ハラル」対策が最重要課題。また、彼らは1日に5回、お祈りをしなければならないので、「お祈りの場所を用意すること」が急がれます。お祈りをするメッカはどの方角なのか、わかるように表示するのはもちろん、ひざまずくための貸出用のマットを用意する、お祈り前に足を洗う場所を作る……など、今すぐ準備すべきことが山積みです。

というように、国によって取るべき対策がまったく異なるので、「インバウンド」「東アジア」といったぼんやりとしたイメージで戦略を立てていては、満足できる効果は何ひとつ得られないでしょう。

もちろん、一自治体がすべての国の人に対応できるわけはありません。だからこそ、漠然とした「インバウンド対策」ではなく、まず「どこの国の誰に発信するのか」をしっかりと見極める。その戦略が必要なのです。

リサーチ・分析＝インバウンド対策ではない

国別のマーケティングは重要ですが、マーケティング自体はやればやるほどキリがないので、どこかの段階でアクションに移る判断をする必要があります。リサーチに時間をかけ、それをじっくり分析している間に世界の情勢も社会の状況も変わり、人の志向や好みもどんどん変わっていくからです。

たとえば、3年ほど前まで中国人は「銀聯カード」で決済し、私も各地の講演で「中国人消費を拡大するには、『銀聯カード』の利用ができるように」と説明してきましたが、ここ2年の間にほとんどの人が「Alipay」や「We Chat Pay」を使うようになり、あっという間に決済手段が変化しました。このように、数年でガラリと事情が変わる例は少なくありません。

インバウンド事情はものすごいスピードで変化し続けているのです。

多くの自治体は、国別マーケティングを調査会社などに委託します。委託された側は最新の統計学を駆使して1つの国の隅々まで調べ上げますが、レポートは膨大な量になります。先日ある自治体からいただいたそのレポートは200ページを超えていました。それを担当部署内で回覧して、「さてどうしようか」と考えている間に分析データが古くなる……ということがあちこちで起きているのです。

分厚いレポートができあがってくると、それを見ただけで「よく調べた、これで国別対策は完璧だ」と思いがちです。たしかにレポートの厚さと情報量は比例しますが、中には、はっきり言って「どうでもいい」情報もたくさん含まれている。それをすべてチェックするなど、時間の無駄です。

その1つ、インドネシアについてのレポートを見ると、インドネシアの人たちは何に興味があるのか、何を好んで食べるのか、アイドルグループ「JKT（ジャカルタ）48」はどれくらい人気なのか……などなど、細かく調べられてはいましたが、特にアイドルの人気などは月単位で変わります。そんな情報を読んでいる暇があるなら、先述したような今後も継続して必要になるイスラム教徒への対応に1日も早く手をつけるべきでしょう。

繰り返しますが、国別にマーケット調査を行うことは重要です。しかし、それはあくまでもアクションを起こすための材料です。完璧な予測などスーパーコンピューターを駆使しても100%当たるわけではないので、アクションをしないのであれば、その調査も無駄な作業といえるでしょう。

また、私がよく行うのは、定量的な分析は観光庁や各県の観光統計を確認し、定性情報としては日本を訪れている外国人への取材です。何を求めて日本を訪れているのか、日本を旅していて不自由や不満を感じるのはどんなところかなど、直接聞くのです。

そうやって、国ごとの国民性や旅行形態などをある程度つかんだら、とりあえず動きましょう。その国の人たちが必要としている旅の情報を、その国で一番読まれている旅行サイトやガイドブックに載せること。国によって特別なニーズがあれば、それに応えられる環境をいち早く整えること。巨額の調査費を払わなくても、自分たちで今すぐに始められるインバウンド対策はたくさんあるのです。

「死に体」ばかりの他言語サイト

観光ウェブサイトは世界に発信するツールです。観光情報も、インターネットが普及したことで全世界に行き渡るようになりました。

そのため、現在は全国各地の自治体で他言語サイトを作っていますが、ほとんどが「ただあるだけ」で、その国の人たちから閲覧、利用されているのはごくわずか、というのが現状です。

ウェブサイトは、作れば誰もが見てくれるというものではありません。各国の検索エンジンにヒットしてようやく見てもらえるものなので、アクセスがなければ存在しないも同じです。

検索エンジンは、日本ではほとんどの人がＧｏｏｇｌｅやＹａｈｏｏ！を使いますが、たとえば中国は「百度（バイドゥ）」、韓国は「ＮＡＶＥＲ（ネイバー）」などが有名です。

検索エンジンによってキーワードの登録の仕方が異なるので、中国人向けには「百度」に、韓国人向けなら「ＮＡＶＥＲ」にヒットしていなければ、せっかく中国語や韓国語でサイトを作ってもそれぞれの国の人たちには見てもらえません。

実際に、中国人や韓国人の取引先の方にいつも旅行に行くときに入力するキーワードで検索してもらったところ、自治体が作成している観光ウェブサイトのほとんどが「百度」や「ＮＡＶＥＲ」の検索で、上位に表示されることはありませんでした。

きちんと実施している競合が少ないので、逆に対策を実施しているところは上位に表示されています。

あなたの町のサイトは、どうでしょう？　ぜひ検証してみてください。

また、表記や文章の内容についても不十分なものが目立ちます。他言語サイトの多くは、日本語サイトの文章をそのまま外国語に翻訳しているだけ。たとえば、江戸時代についても、ただ「edo-period」と訳しただけではそれがいつの頃のことなのか、外国人にはわかりません。「17～19世紀」などと年代を記し、「サムライのいた時代」などと、外国人にもイメージが湧くようなキーワードで説明する必要があるでしょう。

つまり、日本語サイトをそのまま訳すのではなく、各国に対応した情報なども盛り込んだ言語に変換し、それに基づいてキーワードを検索エンジンに登録する必要があるのです。

もっとも、1カ国語ずつこうして丁寧に対応するにはコストがかかります。中には7言語～10言語ほど保有している自治体もありますが、ウェブサイトはアクセスされなければ存在意義はありません。

多くの他言語に対応できているに越したことはありませんが、その国の海外旅行事情に合致している情報構成になっているか、その国の検索エンジンにヒットするかが肝心です。もしかしたら自治体の観光サイトではなく、各国でよく見られている旅行サイトに一年を通じて継続的に広告を出し続けたほうがリーチする場合もあります。

大切なことは自分たちの他言語サイトのＰＶを上げることではなく、観光客に来ていただき、実際に消費していただくことです。訪問する個店情報の掲載やそのお店でのメニューの翻訳などまずは世界共通語である英語から丁寧に作成し、みなさんの自治体に訪れる人の多い国から順番に上位4か国程度から対応すること。そして大切なのが「作って終わり」ではなく、日々更新する体制を作ることだと思います。

正しいインバウンド戦略　中国編

正しい戦略、それには繰り返しになりますが、まずターゲットを設定することです。B級観光地はまずは、訪日客の多い中国・韓国・台湾・香港の4カ国から始めましょう。もちろん、特殊事情があり、それ以外の国の人が多いということであれば、その地域特性を優先してください。

そのうち、訪日観光客数の多い中国と台湾について、具体的に何をどんなふうにやっていけばいいのか、見ていくことにしましょう。インバウンド事情は変化が速いので、あくまで本書を出版する2018年時点での情報であることは前提としてご承知おきください。

まずは、中国です。自分の町に中国人観光客を呼び込むには、観光情報を中国の人たちに向けて発信する必要があります。

中国は団体旅行が今でもそれなりの構成比を占めますので、有名観光地と組み合わせた団体旅行のプランを作り、それを中国語（北京語）に翻訳して中国の旅行会社に営業に行きます。

単に観光地を回る、お買い物をするスタイルから、「体験する」スタイルにシフトしてきているので、一定の人数でできる体験モノも入れておきたいところです。団体プランを作るのは中国の旅行会社の方々ですので、それを個人にアピールしても仕方がありません。パッケージツアーの企画担当者に持ち込むことが必要です。中国にもさまざまな旅行会社があり、ウェブサイトで個人型のみを取り扱うところへ団体プランを持ち込んでも意味がないのはおわかりいただけると思います。

しかし近年は、中国でも個人旅行をする人がだいぶ増えてきたので、他の多くの国への対応と同様にインターネット戦略も必要です。

中国は今、完全にネットの世界になりつつあり、新聞や雑誌など紙媒体を見ている人は5％にも満たなくなりました。そして中国の人たちは、何かの情報を得ようというときにはもっぱらSNSを利用しています。

日本で利用者の多いSNSといえばフェイスブック（FaceBook）やツイッター（Twitter）、ユーチューブ（Youtube）などですが、中国の人たちが使っているのは「WeChat（微信）」「Weibo（新浪微博）」などのＳＮＳや、「Youku（优酷）」や「bilibili（哔哩哔哩）」といった動画サイトです。

また、グルメ情報に関しては日本の「食べログ」にあたる「dianping（大衆点評）」がよく利用されています。このサイトに載る、載らないで大きな集客の差が出ますので、一度試験的な取り組みを実施してみるのもいいかもしれません。

中国の人気ブロガーを招いて、観光情報を投稿してもらうのも有効でしょう。この場合、きちんと予算を確保してブロガーにギャランティを支払い、一定期間滞在してもらって、業務として毎日情報を発信し続けることが大切です。

ブロガーに期待したいのはその文章力というよりはフォロワーの数と影響力です。何を言うかも大切ですが、誰が言うかが非常にポイントになります。

次に、中国語の観光ウェブサイトを作成します。先述の通り、ただ日本語サイトを中国語に翻訳するのではなく、中国の人が理解できるような言葉や文章、必要な情報を盛り込んだ形で作成して、検索エンジン「百度」に対するＳＥＯ対策を実施します。

同時に中国人が一番よく利用する「Ctrip」という旅行サイトに、あなたの町のホテルや旅館は掲載されているかを確認しましょう。どんなにいい施設でも、選択肢になければ予約が入ることはありませんので、注意を払いたいところです。

次は、自分の町に中国人観光客を受け入れる環境を整えます。これについては、決済インフラの整備が先決。今、中国人が利用しているのは電子マネーの「Alipay」や「We Chat Pay」です。飲食店、土産物店、宿泊施設ではこれらの端末機器の導入が必須です。

いろいろとツールのお話が続きましたが、一番大切なポイントは「行きたい！」と思わせる風景や食べ物、イベントといったコンテンツがあること。それが前提であることは言うまでもありません。

正しいインバウンド戦略　台湾編

台湾人の訪日客数は、1年に約450万人超。台湾の人口は約2300万人なので、延べ5～6人に1人が来日していることになります。しかも、平均宿泊日数は4～7泊とアジアの中でも長く、非常に親日的です。

台湾は、中国とは少し異なり、新聞や雑誌、本など紙媒体をよく見る文化です。旅行情報については、約2割の人がガイドブックを利用しています　もちろん、新聞にも情報を掲載。広告を出す、あるいは記者を招いて取材をしてもらう「記事広告」という形態もあります。記事の信頼性という点では後者のほうが高いので、こちらを予算化するといいでしょう。交通費、宿代、食事代まで付けて、記者を招き、取材をして記事を書いてもらうのです。

もちろん、テレビ局に営業に行って番組誘致も積極的に行いましょう。台湾のテレビ局は日本の番組を放送することも多く、日本専門チャンネル「緯來日本台」や「TVBS」「民視」「非凡電視台」などが、大きな影響力を持っています。

取材誘致のための年間予算を確保し、季節感や話題性のある観光素材をあらかじめ示して定期的に招き、現地から情報を発信してもらう。そして次年度以降は、観光客を呼び込みたい季節の約2カ月前には発信してもらえるよう、タイミングを外さないことが大切です。こうして定期的に情報を発信し続けることが、大きな効果を生むのです。

なお、台湾もやはりインターネットが最大の情報源であることは変わりません。台湾・香港の観光客が日本を訪れる際によく閲覧する媒体といわれているのが、日本での遊び方を紹介するウェブサイト、「樂吃購！（ラーチーゴー）」。数多くのアクセス数がある、台湾・香港で有名な日本観光情報メディアです。

「樂吃購！」の素晴らしいところは、台湾人ライターが日本各地を取材して、台湾人の目線でその土地の魅力を引き出していること。記事にライターの実感がこもっているので説得力があり、日本の魅力が台湾人にストレートに伝わるのです。台湾人にまだほとんど知られていないB級観光地が、台湾から観光客を誘致しようというときは、台湾人向けの観光サイトを作るよりも「樂吃購！」に情報をたくさん載せるほうが効果的な場合があります。

こういう有力メディアに、自分の町を取材してもらう。あるいはすでに手元にある観光情報のうち台湾人の興味を惹くコンテンツを選んでもらい、それを台湾人に向けにリライト&編集したものをウェブサイトに掲載してもらう、という方法もあります。

媒体への情報発信とならんで重要なのが、旅行会社への告知です。

台湾の人たちの旅行形態は、団体旅行が35％で個人旅行が65％。年々、個人旅行をする人が増えつつありますが、団体旅行をする人も450万人の訪日客の35％ですから、150万人超と結構な数です。したがって、中国と同様、団体旅行向けのモデルプラン、モデルコースを作って旅行会社に営業をかけるといいでしょう。

台湾人が日本旅行に行く際によく利用する旅行会社のランキング（※2016年日本インバウンド・メディア・コンソーシアム）を見ると、「雄獅旅遊」「東南旅行社」「燦星旅遊」「五福旅行社」などが人気となっていますので、団体旅行の営業をかけるなら、まずはこのような会社からスタートしましょう。

地域特性を活かしたインバウンド対策を

ここまで、B級観光地がインバウンド対策に乗り出すなら中国、韓国、台湾、香港への対応を第一に考えるのが正しい道だとお話ししてきました。ただし、その地域ならではのインバウンド対策が有効なこともあります。

たとえば、岐阜県加茂郡八百津町。ここには「杉原千畝記念館」があります。杉原千畝とは、第2次世界大戦中にナチス・ドイツの迫害によってヨーロッパ各地から逃れてきた難民に大量のビザを発給し続け、およそ6000人の命を救った人。

千畝の生誕100年を記念して、2000年に記念館が開設されると、イスラエルの旅行会社が多くの観光客を日本に送り込むようになり、岐阜県やその周辺にイスラエル人観光客が多く訪れるようになりました。

そこで八百津町と、千畝によってビザを手に入れた難民が初めてやってきた地と言われている福井県敦賀市は、両者を結ぶ道を「杉浦千畝ルート」と命名。2016年には、そのルート上にある石川県金沢市など5市町村で「杉浦千畝ルート推進協議会」を設立しました。

同協議会の活動には、国土交通省も賛同。イスラエルだけでなく広く欧米からユダヤ系観光客を誘致すべく、イスラエルとアメリカの旅行会社を招いたり、積極的な活動を展開しています。

ユダヤ系外国人観光客の誘致に特化している地域は、今のところ他にはありません。食事の「コーシェル対応」やヘブライ語での観光案内など訪日ユダヤ系外国人への対応を完璧に整えていけば、間違いなくユダヤ系外国人観光のナンバーワン、オンリーワンの地域になれます。まさに、ブルーオーシャンです。

あなたの町、地域にも、日本人は知らなくても外国ではよく知られた日本人がいたりはしないでしょうか。その人の「ゆかりの地」であることをアピールすれば、自然と外国人が集まってくるはずです。

予算がない中でも工夫して、まずは近隣のA級観光地から立ち寄ってもらう、物を買ってもらう、食べてもらう、というようにスモールサクセスを1つ1つ積み上げていくこと。すると、気がついたときにはインバウンドの観光消費額が増え、注目されたことで国内旅行者の数も増えた……というビッグサクセスを手にできているかもしれません。

終章

観光は「素敵」な仕事

「観光による地方創生」や「インバウンド」というキーワードが毎日のようにニュースになり、目にしない日はないくらい、注目されています。

しかし、その多くは全体の数値や今後の大きな傾向についての内容であり、大半が総論で語られている、というのが実情です。

日本全体の活性化のためには、各地域が正しい分析と対策を実施しなくては成り立ちません。

A級観光地とB級観光地では取るべき作戦が違いますし、C級観光地はもしかしたら「観光」ではなく、違ったことで地域活性化を目指すほうがいいかもしれません。そんな客観的な視点は非常に重要です。

「大河ドラマを誘致しましょう」「世界遺産に申請しましょう」という声もよく耳にします。もちろんそれが実現すれば素晴らしいことですが、数あるエントリーの中で採用される確率の極めて低い活動であるのも事実です。

したがって、私は、大きな話題にはならなくても、大々的にニュースにならなくても、最小限の労力で日々観光による消費が喚起できる作戦と実行を、優先順位をつけて展開することをおすすめしています。

一気に爆発的に観光客が増えると宿泊も食事場所が混乱するなど、何より観光客に対応できるサービスの質が低下するので、長期的に見てあまりいいことはありません。各地のキャパシティに応じた、適度で継続的な誘客が理想的なのです。

本書を読んでくださった方にはご理解いただけていると思いますが、私が伝えたかったことは「観光による地方創生」をブレイクダウンすると、それは個人旅行なのか、団体旅行なのか。団体の場合、修学旅行を誘致するのか、ロケ撮影の舞台となることを目指すのか、会議&コンベンションを誘致して会議の後の旅行を楽しんでいただくのか、スポーツ合宿の拠点となって長期滞在をしていただくのか、などによりターゲットや取るべき作戦はガラリと変わるということです。

「インバウンド」でも、今、来訪している数が多い「中国」「韓国」「台湾」「香港」からの観光客をさらに誘致することを目指すのか、1人当たりの消費単価と滞在日数が長い欧米豪にシフトするのか、あるいは新興国で人口が多く、今後海外への旅行が多くなると見込まれるインドネシアやフィリピンなどをターゲットとするのか。2050年頃にはキリスト教徒とイスラム教徒の数が同数になるといわれていますので、徹底的に飲食店や宿泊施設でハラル対応を整備してイスラム圏の方々を取り込むということをするのか。これも明確に優先順位を決めなくては具体的には動けません。

もちろん各国で海外旅行事情が違うので、単に観光ウェブサイトを作ればいいということではなく、ターゲットとする国の旅行者がよく閲覧する媒体に、その土地での仮想体験ができるような情報を準備することが何より必要です。

どれもこれも「やりたい！」「着手したい！」と思われるのは理解できますが、人材と予算には限りがありますし、どの分野もそれなりに深く、競合も数多くあり、また厄介なことに毎年その事情は大きく変化しますので、しっかりと優先順位をつけて実施すること、逆にやらないことを決めることも大切であるように思います。

たとえば

「我々のエリアは特に観光素材がないので、お隣の県の世界遺産を見学に来たドイツ人の夕食と宿泊を獲得することを目指しましょう！」

「単価が高いゴルフ客、とりわけ頻度が期待できる韓国のゴルフ客に徹底的にターゲットを絞って対策を打ちましょう！」

ぜひ、こんなレベルの具体的な作戦を決め、そしてどのよう実行するのかをスケジュールを決めて、実行、検証、改善のフローを構築していきましょう。

それぞれの地域が、その魅力に合致した具体的な作戦を練ること、そして必ず実行すること、すべてはここから始まると思っています。

私はＡＮＡグループ企業で観光に携わることで、日本各地の素晴らしさ、魅力に惹かれ、長年楽しみながら仕事をしてきました。退職後、観光戦略の立案と実行を行う会社を作り、各地に行くための航空券を販売するという立場から一転し、地方の側に立った誘客の仕事をさせていただく中で、その思いはますます強くなるばかりです。

各地域はこれまで旅行会社や鉄道、航空会社に依頼をして観光客を運んできていただくという立場から、自らその魅力を発信する必要がある時代に入りました。

知恵を絞って、自らの地域の魅力を発信し、観光客に楽しんで消費をしていただく。観光とは、なんて素敵なお仕事なんだろうと思います。

今後も正しい方法で、ぜひ日本の地域活性化を目指して進んでまいりたいと思います。

全国のみなさまと新しい出会いがあることを祈りながら。

2018年5月

B級観光地プロデューサー・観光消費拡大コンサルタント　大泉敏郎

大泉敏郎（おおいずみ　としろう）

観光消費拡大コンサルタント
株式会社トラベルジップ　代表取締役

ANA・ANAセールスに勤務し、ツアー・イベントプランナーとして活躍。伝説に残る数々の大人気ツアーを企画した。その後、ANA旅行サイトの初代ウェブマスターに就任。2005年、株式会社トラベルジップを設立。全国の観光施設や地方自治体の観光戦略立案と観光ウェブサイト構築を多数手がける。
現在、「B級観光地プロデューサー」として、全国各地の観光コンサルティング、講演活動を展開中。https://www.travelzip.jp

私、B級観光地プロデューサーです！
日本を真の観光立国にする、とっておきの方法を教えます。

2018年6月5日　初版発行

著　者　大泉敏郎
発行者　佐藤俊彦
発行所　株式会社ワニ・プラス
〒150-8482
東京都渋谷区恵比寿4-4-9
えびす大黒ビル7F
電話　03-5449-2171（編集）

発売元　株式会社ワニブックス
〒150-8482
東京都渋谷区恵比寿4-4-9
えびす大黒ビル
電話　03-5449-2711（代表）

装　丁　柏原宗績
編集協力　吉田　浩
（株式会社天才工場）
秦まゆな
鈴木裕子
ＤＴＰ　平林弘子

印刷・製本所　中央精版印刷株式会社

ISBN 978-4-8470-9684-6

ワニブックスＨＰ　https://www.wani.co.jp